奄美三少年　ユタへの道

円　聖修　著／福　寛美　監修

南方新社

まえがき

一九六六年。六十年に一度の丙午《ひのえうま》の年、奄美大島の地に三人の霊感を持った少年たちが生まれました。三人は同じ高校に入学し、高校一年の夏に運命的な出会いをします。その後、三少年の霊界への旅が始まりました。霊界への旅、とは少しなじみにくいかと思いますが、その旅はとても大事な青春の日々でした。

実際にあった三人の不思議なお話をここに残します。

ぼくたちが生まれた午年は神の子が生まれる年ともいわれ、また、琉球王朝時代の宗教的儀式であるイザイホーの年回りでもあります。イザイホーは沖縄の久高島で十二年に一度の午年、満月の日から五日間にわたって催される神女の誕生儀礼です。

舞台となる場所は鹿児島県の旧名瀬市（現奄美市）で、鹿児島県と沖縄県の中間に位置し、琉球弧と呼ばれる島々の一部です。南九州の鹿児島本土から大型フェリーで約十二時間。東京から飛行機で約二時間。奄美大島は東洋のガラパゴスといわれるほどに、ここにしかいない貴重な動植物の宝庫でもあり、まるで時間から解き放たれているかのように、シャーマニズムの世界が今もなお息づいています。二〇一七（平成二十九）年三月七日には国内三十四カ所目の国立公園として、「奄美群島国立公園」が指定されました。

奄美三少年　ユタへの道——目次

奄美三少年　ユタへの道

装丁　鈴木巳貴

一、それぞれの神への目覚め

1．円少年の場合

(1) はじまり

暑い夏の日差しが和らぎ始めて、涼しい海風が心地よくなる夕暮れ時、当時奄美で一番高いマンションの屋上は周りからは見えない死角となっていました。そこでぼくと友だち二人は十数人に囲まれて長い長い時間、集団リンチを受けました。ぼくを含め皆、高校二年生でしたが、集団のリーダーは年上で、学校外で刑務所に入るような仲間も持っていました。柔道の有段者でもあり皆から恐れられていた、そんなリーダーに声を掛けられて集まった十数人の中には、昨日まで遊んでいた友だちや、親同士が仲の良い子もいました。

ぼくに対して恨みを持っているわけではなく、リーダーに逆らえないということと、その時の雰囲気みたいなものにのまれたような感じでした。一人ずつ順番にぼくを殴る蹴る、耳元でコソっと「すまん」と言ってくれる人もいましたが、リーダーが見つめる中、手抜きは許されないようでした。足元はフラつき、目は腫れて視界も狭くなり、誰がどこをどう叩いているのかも分からない状態で、長い長い時間、いつ終わるのかも分からない、骨を折られるのか？　目を潰されるのか？　最悪殺されるのか？　その時の恐怖心は、ぼくのこれまでの人生から音をなくすくらいのものでした。

か細い神経の糸が切れるのを感じました。そのあと家にどうやって帰ったのか覚えておらず、着ていた服もボロボロになり、顔がどのくらい腫れているのかも分からない、親に心配を掛けたくない一心で、自分の部屋の布団の中に潜り込んでいました。そこに母親が夕飯ができたと呼びに来ました。ぼくは具合が悪いからいらないと言いましたが、母親はいきなり〈バサッ〉と布団を剥ぎました。

そしてぼくの無残な姿を見てすぐに父親を呼んできました。ぼくはそのまま病院に連れて行かれました。肋骨にヒビが入り、目は血で滲んで、片方の耳の鼓膜が破れていました。

リンチを受けていた他の友だちがすぐに学校に連絡を入れたようで、事態はすぐに明るみに出ました。ぼくの父親がＰＴＡの会長をやっていたこともあり、学校の先生が加害者たちを集めて親と一緒にぼくの家に謝罪に集まりました。ぼくは恐怖心も拭えないまま、その場に呼ばれました。一番近くに座っていたのは、ぼくの母親と仲良しの人で、ぼくもよく知っていました。まるで自分が犯罪者のように肩をすぼめて泣いているのが見えました。

ぼくの姿を見て皆が一斉に謝罪の言葉を発してきました。ぼくがうつむいたままでいると、父親が「何か言いなさい」と言ったので、ぼくは言葉を発しました。すると体育会系の父親が少し怒った様子で「何を言っているのか聞こえないからもっと大きな声で言え」と言いました。

ぼくの耳は鼓膜が破れているせいで、自分の声が身体の中で〈ボーーン〉と大きな音で響きました。そのため、外に出ている音量が分からなかったのです。だから、その父親に片耳が聞こえないと伝えると、父親は黙って少し顔が青ざめました。その後はけがの状態もあり学校を休むことになりました。

ぼくと一緒にリンチを受けた友だちは、リーダーを怒らせる原因を作ってしまったのでした。以前から電話で、刑務所から出てきたばかりという仲間から、「俺は人を刺したことがある」「外を歩けなくさせてやる」といった脅迫も受けていたみたいでした。事件後にその友だち一家はまるごと奄美から居なくなってしまいました。それからぼくは部屋に引きこもるようになり、人が訪ねてきたり、電話の音がすると異常に怯えました。

（2）神への目覚め

結婚して四階に住んでいた姉が心配してぼくを訪ねて来て、聖書とノートを持ってきて「これを読んでごらん」と、ぼくの部屋に手紙と一緒に置いていきました。ぼくはまずノートを読むことにしました。ノートは姉の日記帳で、そこにぼくの知らなかった高校時代の姉の心の葛藤が綴られていました。親や学校に対しての反発、家出、恋人のこと、生きる意味を見つけられずに死にたいと考えていたこと、そんな苦しみから救ってくれたのは聖書だったと書かれていました。そして、ぼくは生まれて初めて、黒い分厚い本〝聖書〟を手に取りました。これが私の一生を決定づける〝ユタへの道〟の始まりでした。

少し読んだだけで聖書の世界にどんどんと引き込まれて行きました。そんなぼくの姿を見て姉は、家庭教師みたいに家に来て聖書を教えてくれる夫婦がいる、と紹介してくれました。宗教だけれど、入信しなくてもボランティアで教えてくれる、とのことでした。その後、とても優しそうな御夫婦が聖書を分かりやすくした絵本のような物を持ってきて、聖書の物語を聞かせてくれるようになりました。外の人と話をするのも久々でしたが、自分の顔がだんだんと前を向くようになってくるのが分かりました。母親や姉とも少しずつ話ができるようになっていきました。

深く神様の存在を知っていくと、疑問が出てきました。「神様がいるならどうしてぼくをリンチするような人たちを作ったんだろう」「あの時、ぼくを殴る蹴るしていた時に、その背後では霊的にはどのようなことが起こっていたんだろう。神様はその様子を見ていただけなのだろうか……」。眠れない長い夜が続き、何度か聖書を抱えて四階建てビルの屋上に上り、「神様に祈ればここから飛び降りても、大きな手で救ってくれるのだろうか」と何度か試したい衝動にかられました。しかし、聖書の中の一節で、イエス・キリストがサタンから似たようなことを言われた時に、「神様を試してはいけない」と答えていたので、ぼくも考えを改めることにしました。

⑶ 太陽の目

ぼくは約一カ月近くも学校を休んでしまい、シビレを切らした父親から、学校に行くようにと説得を受けて、仕方なく学校に行くことにしました。人の背後に悪魔がおり、また快楽としてぼくに暴力をふるいにくる人がそこらじゅうにいるのではないか、という恐怖心があり、学校ではできるだけ人と顔を合わせないようにしていました。休み時間は机に伏して眠っているふりをして、昼休みはトイレの中で弁当を食べて過ごしました。クラスで移動する時に後ろの方から、リーダーの声で「ＰＴＡ会長の息子は力あるな～」など嫌がらせの言葉を投げかけられることもありましたが、一生懸命に無視を貫き通しました。

学校の売店を叔父がやっていることを知り、頼み込んで、売店が終わる昼休み終了後に車に乗せてもらってお昼からは学校をサボるようになりました。学校から抜け出せないように見張りの先生がいるのに、いつも忽然と姿を消す方法は誰にも悟られませんでした。家に帰ると見つからないようにバイクの鍵と聖書を持ち出し、名瀬の町外れの山の頂上に向かいました。そこには拝みの塔という場所があり、戦争犠牲者の供養のために作られたモニュメントが目印でした。それは天に向かって手を合わせる手の形でした。そこはまるで天に通じているような祈りの場所でした。

ぼくはこの場所がとても好きで、いつ行っても人と会うこともなく、一人で聖書を膝の上に置いて瞑想をしながら、なぜ自分がこんな目にあってしまったかを、神に問いかけ続けていました。ある時、自分が「太陽の目」という立場から瞑想をしている自分の姿を見ている錯覚に陥りました。太陽の目から見ると、どんな権力者でも弱者でも皆、同じ姿のアリンコのように見える、上も下もない、同じアリならアリらしく生きていこうと思いました。それで気持ちが吹っ切れ、明日から学校をサボらないようにすることを決めました。

担任の先生は、ぼくがサボるたびに、毎回、諭そうと頑張ってくれました。ぼくは自分から職員室に行って先生にこれまでのお詫びをし、決意を話してサボらないことを宣言しました。ただ、頭では吹っ切れたつもりでも、恐怖心で切れてしまった神経の糸は簡単にはつながらず、その後、十年は同じ背格好の高校生を見るたびに身体がこわばるということが続いていました。

(4) じいちゃんの死

ぼくの祖父はがんで入院していました。医者からもう長く生きられないと言われたそうで、沖縄生まれの祖母が近所の円山神様の所に相談に行ったら、「あんたの家の屋根に朝一番に大きなカラスが鳴いているのが視える……。あと三日の命じゃね」と言われたとのこと。そして予言どおり、ちょうど三日後に旅立ったのです。

最後を看取った祖母の話だと、息を引き取る直前に、突然ベッドから〈ガバッ〉と起きて、背筋を伸ばして敬礼して「おー、里君、そっちは中君」と叫んだそうです。祖母の話だと、戦死した仲間が迎えに来たんだろうということでした。実は、ぼくは祖父が大嫌いでした。なぜかというと酒乱だったからです。

幼い頃は木造二階建ての家に住んでいて、一階はぼくたち六人家族、二階に祖父母の二人が住んでいました。夜になると二階から祖母が降りてきて、「じいちゃんが飲み始めたから電気消して」と言いに来ます。そうしたらぼくたちは、どんなことがあってもそうしなければいけませんでした。電気がついていると祖父が降りてきて、まず、ぼくを怖がらせて泣かせます。入れ歯を少し口から出し、白目にし、ゾンビのまねをして〈グワーッ〉と唸り声を上げながら、ぼくが泣くのを楽しんで、しつこく追いかけてくるのです。そうなると誰も手がつけられません。それが原因で大嫌いになりました。

大島紬で生計を立てていた両親の努力で、小学校四年生の時に父親が四階建てビルのオーナーになり、やっと別々の家に住めるようになりました。ぼくたちの家族は二階で、祖父たちは三階になりました。祖父は昼間は神様のようにおとなしくしていました。若い頃は走りが早くてハンサムだったので女の人がほっとかなかった、という話を祖母から聞きました。祖母も沖縄から機織りの仕事で来ていて祖父に惚れたそうです。当時、差別の問題で沖縄の親戚中に反対されたそうです。最も祖母をかわいがっていた人が、あんたを沖縄に連れて帰れないと私は死ぬ、とまで言ってきて、「一緒に帰らないなら私をこの刀で切りなさい」と刀を渡されたこともあったそうです。そんな親戚たちを諦めさせるぐらい、祖母は祖父に惚れ込んだと聞きました。

ぼくの祖父の記憶は酒乱と静かに機を織っている姿、たまに蛇皮線を弾いている姿などで、普通の会話をした記憶はあまりないです。高校生の時、ぼくは新聞配達のアルバイトをして貯めたお金で初めて自転車を買いました。それをなんと、祖父がお酒を飲んで壊しました。祖父はぼくがかわいかったみたいで、執拗にぼくに執着している所がありました。あとで聞いた話ですが、少しの間禁酒をしていたらしいですが、ぼくが何か祖父としていた約束を破ったという理由でお酒を解禁したそうです。おそらく、それまでのうっぷんが溜まっていて、自分に禁酒をさせたらこうなると八つ当たりをされたのではないか、と思いました。それからぼくは祖父と顔を合わせるのも嫌で避けていました。

祖父が亡くなった後もぼくは涙一つこぼさず、ギターを弾いて大声で歌の練習をしているくらいでした。さすがに父親から「おまえはおじいちゃんが亡くなったのに歌なんか歌うとはどういうことだ」と叱られました。それでも全然、悲しい気持ちは起きてきませんでした。

ところが死んでからもなお、祖父はぼくを怖がらせるためにやってきたのです。こんな悪夢が毎日一週間も続きました。金縛りのような状態で、とてもリアルな夢です。家の外の二階の廊下がガサガサとして、誰かがウロウロしているような音が聞こえます。ある時どうしてもドアののぞき穴から外の様子が見たい衝動にかられました、しかし、のぞき穴をのぞくとバレてしまう気がして、ドアの下についている郵便受けから外をのぞこうと思い、ゆっくりと開けると、なんと、肌が青みがかって蛇のような目の祖父がそこにいて目がバッチリ合ってしまいました。とっさに閉めた後も、ドアノブをガチャガチャされて、ドアをしばらく叩かれました。それから始まり、毎夜毎夜、夜中の二時頃になると祖父の悪夢は起こりました。

ちょうど一週間目に祖父は真っ黒いゴキブリ人間みたいなものに羽交い締めにされて連れて行かれ、抵抗はするものの、無理やり近くの砂浜に埋められました。それから悪夢はぴたっと止まりました。そんな話を祖母にしたら、自分の夢には一度も出てきてくれない、と寂しそうに言い、こんな夢を見たと話を聞かせてくれました。なんと、美しい白蛇が出てきて、その肉を食べたそうです。島の古い言い伝えでは、大蛇は神の化身で特に白蛇は縁起が良く、それを食べる夢は大金が入る暗示といわれています。しかしながら、実際のところは祖母が亡くなるまでそのような出来事はなかったので、やはり迷信だと思いました。

それから時が経ち、東京に出てきて二十七歳ぐらいになった頃、朝から祖父の顔が周りにチラチラしたことがありました。上京していた妹が珍しく遊びに来ていたのですが、普段は全くアルコールを飲まないのに、妹が持ってきた一升瓶の焼酎を飲みたくなりました。飲んでみると、生まれて初めておいしいと感じて、水のようにガバガバ飲みました。私は上機嫌になり、妹相手に昔の話がどんどん出てくるのです。妹も妻も、私の様子がおかしいので焼酎を取り上げ、水を飲んでしっかりとするよう言いました。すると、ふっと我に返りました。

そして、これは自分の意思ではなく飲まされているのだと感じ、すぐに奄美の母親に電話をしました。すると、その日は祖父の命日であることと、しばらくお酒をお供えするのを忘れていたということが分かりました。それで、すぐに焼酎をお供えするように伝えたら、何か気持ちがスっと軽くなりました。三十歳ぐらいの頃、祖父と母方の祖父がコタツを挟んで、みかんを食べながら楽しそうに向かい合っている姿を夢で見ました。その時、祖父はやっと、いい天国の環境に行けたんだと感じました。

(5) マブリワーシ

奄美では身内が亡くなると、四十九日目の夕方にユタ神様を家に招き、死者を降霊し最期の言葉を聞く儀式をします。この儀式は「マブリワーシ」または「マブリワカシ」(魂を分けるの意味)といいます。この儀式に似た行事は沖縄にもあります。古くはこのマブリワーシをする能力者のことをホゾンガナシと呼んでいました。今では学者たちによって沖縄・奄美の琉球列島の民間霊能者を一くくりにしてユタと呼ぶようになったそうです。そして、奄美では丁寧にユタ神様と呼ぶようになったと聞きました。

祖父のマブリワーシをお願いしたのは、その当時マブリワーシにおいて、奄美で一番の前田神様でした。マブリワーシは日が落ち始める頃から始まります。霊が動きまわる時間だと考えられているからです。祖父の仏壇の前にはお供え物が置かれ、霊は窓から出入りするとのことで仏壇に一番近い窓が少しだけ開けられました。話が聞きたい近い身内が集まり、前田神様の到着を待ちました。

車で迎えに行った父親が前田神様をお連れしました。初めて見るユタ神様（ホゾンガナシ）に緊張しました。白ギン（白衣装）をまとって、ススキにみかんの枝を巻きつけたものを持ち、頭には七かずら（七種類の植物）をつけていました。祖父の仏壇の前に座った前田神様はゆっくりと死者を呼び出す唄を歌いだしました。そのすぐ後ろで、今か今かと祖父の言葉を待つ祖母。ゆっくりと流れる時間。いつの間にかあたりも薄暗くなり、ロウソクの火に照らされる前田神様のお顔がとても神聖に見えてきました。

どれくらい経ったでしょうか。突然、唄をやめて祖母の方に向き、前田神様は「この方は神様が大嫌いな方ですね」と言いました。「はい、戦争経験もあって神様が大っ嫌いでした」と祖母が答えると、「すぐそこまで来ているのに、いくら呼んでも私の身体に入って来ようとしないんです。この方の近くに、小さい女の子が三人います」と前田神様は言いました。祖母は「戦時中に亡くなった娘たちです」と言い、確信を得たように泣きながらお位牌に向かって叫びました。「じいちゃん！　じいちゃん！　こっちに来てね、話をして聞かせてねー」と。

しかし、どんなに呼んでも、前田神様の身体は動くことはありませんでした。人は死んだからといって、急に神様のように性格が変わるわけではないです。生きていた時の信念や望んでいたことは変わりません。だから生きている時にしっかりと死後のことを決めておいた方がいいと思いました。後にぼくは、このマブリワーシという技術の基礎を自然の流れで、三少年の降霊会という形で学ばされることとなり、そしてぼく自身がユタ神様として生きていく運命にあるとは、この時、夢にも思っていませんでした。

2. 平少年の場合

(1) 次々に起こる不思議な現象

三少年の一人である平少年は、私と同じ丙午の年に奄美の地で生まれました。彼はまさに神の子であり、百パーセント霊媒体質でした。平少年の記録をできるだけ皆様に理解しやすく、また思春期の少年ならではの心の動きに重点をおいて、彼の目線でこれから語ろうと思います。彼に出会い、彼と共に過ごした時間は、私にとっても運命的な〝ユタへの道〟に続く大切なものでした。いつかどこかに残したいと思い続け、やっとここに書けることを嬉しく思います。

ある朝の学校での出来事

「平君、今日の朝四時頃、裸足で家の周りを歩いているのを見たんだけど何してたの？」

平少年と同じクラスで仲の良い加藤少年が、新聞配達の途中で平少年を見かけたのでそう尋ねました。

「え？　俺は家で寝ていたよ」と平少年は答えました。

「あれは間違いなく平君だよ、俺が間違えるはずはないよ、呼びかけたんだけど聞こえなかったみたいで、スッと消えたから家に帰ったんだと思ったんだけど」

「加藤、本当に俺だったかい、間違いないか？」

平少年は真っ青な顔で、加藤少年に詰め寄りました。

「ど、どうしたんだい、平」

加藤少年は平少年の迫力に押されてしどろもどろになりました。平少年は息を飲み込みしばらくうつむいた後、

「加藤、俺、最近おかしいんだ、なんだかとても怖いんだよ。いつも、同じ場所で寝ているのに朝起きると泥だらけの足で玄関の所で寝ているんだ」

と言いました。

「夢遊病じゃないの?」と加藤少年は不思議そうに言いました。

これが平少年に起こった最初の出来事であり、このことが、のちに学校までも取り込む大騒動になろうとは誰も予想していませんでした。

「加藤、頼みがある、俺の家に泊まって俺を観察してくれないか?」

と平少年は言いました。

平少年の家庭環境

ここで、平少年の家庭環境をお話ししておきたいと思います。彼は市内の集合団地の一階に一人で住んでいました。以前は家族で大阪にいたそうです。父親は花札(ばくち)で生計を立てようとする人で、飲んだくれるばかりでろくに仕事をせず、おまけに妻に暴力をふるっていました。耐えられなくなった妻は夜逃げ同然に出て行き、幼い二人の息子を残したまま消息不明。彼は母親の顔も知りません。母親の写真もありません。

残された子供たちは知り合いに預けられ、たらい回し。ろくにご飯も食べられない日も珍しくなかったそうです。一歳違いの弟が中学校卒業後に就職し、その仕送りによって生計を立てていました。ある時、父親に天罰が下ったかのように事故や病気が相次ぎ、父親は足には補強金具が入った痩せ細った身体で長い間、入退院を繰り返しました。ぼくが平少年に出会った高二の時は、入院中で留守でした。

平少年の家での出来事

平少年の願いによって、加藤少年ともう一人の友だち、藤原少年が平少年の家に泊まり、交代で彼を見張ることになりました。平少年は寝床に就くと、すぐに高いびきで死んだように眠りました。ぴくりとも動かず寝ていた平少年が三時を過ぎた頃に突然、操り人形がスッと立ち上がるように身体を起こしました。真っ青な顔をし、目は白目を剝《む》いていました。

「おい、平！」。加藤少年と藤原少年は声を掛けましたが、全く聞こえないような感じでした。平少年は、そのまま何かに操られるかのようにフラッと、玄関の所に歩き出しました。

「わ！　冷たい」。平少年の腕を触った加藤少年が驚きました。

「おい、外に出るぞ、止めよう」。加藤少年と藤原少年は彼の腕をつかみましたが、信じられないような力ではねのけられ、たじろぎました。

〈ガチャ！〉。白目のままドアの鍵を開け裸足で外に出た平少年。

「おい、どうしよう！」。二人は戸惑いながら後をつけ、しきりに声を掛けたりほっぺたを叩いたりしました。平少年は全く反応する様子もなく、ただゆっくりと、家の周りを回り続けました。やがて、自ら家の方に足を向け、家に入り玄関の所でバタンと倒れ、また死んだように眠り始めました。平少年は目覚ましの音が鳴るまで目を覚ますことはありませんでした。

「加藤、俺どうだった？」と問う平少年に、二人は一部始終を話しました。

「俺は全く覚えてない、見た夢さえも覚えてない」。平少年は言いました。

平少年は朝起きるといつも、ものすごい疲労感に襲われると言いました。

「これは、夢遊病とは違うかもしれない」と二人は思いました。

「俺は何か悪い夢でも見ているのか？　いったいどうなってしまったんだ、怖い！」と平少年は言いました。それから、平少年の変化が次々と始まりました。

ビルの三階にある加藤君の家での出来事です。皆でオカルト雑誌を見ていた時です。突然平少年が目を血走らせて、ものすごく怖い顔で加藤君をにらみつけました。加藤君が「平、どうして、そんな怖い顔して俺をにらむんだ」と言うと、平少年はまるでお面でもかぶっているかのように、表情以外は普通の感じで「にらんでないよ」と言います。「鏡を見なよ」と加藤君が差し出した鏡を見た平少年は、腰を抜かさんばかりに「こ、これが、俺の顔なのか」と驚いていました。

その夜、皆で雑魚寝をしている時でした。仰向けで気をつけをしているような真っすぐな姿勢で寝ている彼が、突然、反動を付ける様子もないまま、上半身だけをガバッと起こしました。まるで天井から紐で引っ張られているかのように、スックと立ち上がり、目をつむったまま何かに引っ張られるように窓の方に向かって歩き出しました。

窓の前に立ち止まり、スッと、右手の甲を窓に付けたかと思うと、彼の手の動きと共に窓が横に開きました。そして彼はその三階の窓から外に出ようとし始めました。

「おい、平！　ここは三階だぞ」

皆で必死に彼の身体をひっぱりながら、彼を止めました。

「窓の外に円盤が止まっている、あれに乗らなきゃ」

平少年以外の人には何も見えませんが、彼の目にはそこに円盤が止まってドアを開けて彼を招いているのがハッキリと見えていたそうです。平少年が平常心に戻った時に、皆で同じように手の甲で窓を開けられるかやってみたところ、絶対に無理なことが分かりました。人間業ではない場面をまざまざと見せられた出来事でした。

また平少年の家に三人の友だちが集まり、皆でテレビを見ている時でした。

「おわ、わっ！」と平少年が叫びました。

「どうしたんだ、平！」と三人は声をあげました。

「テレビが、宙に浮いて行く」

皆、一斉にテレビに注目しましたが、皆の目には何も変化は見られませんでした。しかし、平少年の目にはハッキリとテレビが宙にゆらゆらと浮かんでいくように見えていました。寝ているときは布団が宙に浮いてくるくる回って見えることもあったそうです。

ある日、「背中が熱い、助けてくれ〜！」と叫びながら平少年が背中を床にこすりつけ、のたうち回りました。

「平、背中を見せろ」と、皆でシャツを脱がせ背中を見ると、みみず腫れのような感じで真っ赤になっていて、不思議な、図形か文字のような物が浮き出ていました。

また、ある時は「女の幽霊が見える」と怖がっていたり、動物の霊にとり憑かれたようになって、蛇のように腹ばいでくねくね床を這いつくばってみせたりと、症状が激しくなってきました。そして、霊にとり憑かれた時は一年前に病気で亡くなった親友が出てきて助けてくれるようになったそうです。

その話を亡くなった親友の父親に話すと、クリスチャンだった彼のロザリオを渡され、おかしくなった時に、それを額につけると静まるようになりました。その父親の勧めもあって、県立病院に相談に行ったところ、精神障害と診断されてしばらく入院していましたが、自分は精神病じゃないと、安定剤を拒否して退院しました。

最愛の息子を亡くした父親にとって、その親友であり、息子があの世から助けにやって来るほどの彼は、息子の分身のように感じられました。父親は息子を心配するように彼を心配し、遠慮しないで家にいなさいと、平少年を快く迎え入れました。そのお宅でお世話になっていた約一カ月の間は一切症状は出なかったそうです。

平少年は初めて温かい家族の愛に包まれ、とても幸せでした。しかし、これ以上甘えるわけにはいかないと、別れに涙ぐむ親友の父親に深々と頭を下げて、親友のお宅にさよならしました。

学校の授業中の平少年

物理の熊本先生は、職員室でいつものスタイルである白衣をはおり長い物差しを持ち、チャイムが鳴るのを待って、物理の授業のため、平少年のいるクラスに向かいました。先生が教室のドアを開けて中に入りました。

「起立、礼、着席」と週番が号令を掛け、皆で挨拶をし、何事もなくいつもの授業が始まるかに思えました。すると、教室がザワザワしだしました。

熊本先生は何事かと思い、教壇に置かれている教科書から生徒の方に目を向けると、一人の生徒が立ち上がって白目を剝いて、ゆらゆら揺れながら、こっちをにらみつけていました。後ろの席の生徒が彼をつつきましたが、反応はありません。

「平君、座りなさい」。先生がそう言った途端、「おまえは誰だぁ！」と、目を光らせながら先生を指差して大きな声で平少年は叫びました。ただならぬ様子に静まり返る教室。先生も言葉を失いました。

〈ドタッ!〉。平少年は、直立のまま倒れこみ、口から泡を吐きながら首だけが止まることなくグルグルと回り続けていました。

「おい、誰か!　平君を保健室に連れて行ってくれ」。慌てた熊本先生が言いました。

この時、平少年は、急に立ちくらみのような感覚に襲われ、あたりが暗くなったそうです。そして、ちょうど先生の後ろあたりに、白い着物で長い髪を振り乱し、血だらけのものすごい形相の女がいたそうです。その女はカマを振り上げ、平少年をにらみつけていたといいます。暗闇の中、自分とその女二人しかいない逃げ場のない空間、それはそれは恐ろしい時間であったと、平少年はのちに教えてくれました。

それからも、熊本先生を見るたびに平少年は気絶するので、先生は白衣がいけないのかと、白衣を着けなかったり、長い物差しがいけないのかと、物差しを持たずに教室に行ったりしました。先生は、考えられる範囲で自分のスタイルを変えていきましたが、平少年の気絶は一向に治まることはありませんでした。

実は、熊本先生は気付いていました。他の教員にも話していなかったようですが、熊本先生の家系は因縁が深く、家には悪縁と戦うための特殊な神棚がありました。熊本先生も霊感を持っていたので、平少年に起こっている事は病気ではないと気付いていたようです。

全校朝礼

一年生から三年生まで全校生徒が体育館に集まり、座って校長先生の話を聞いている時に、またしても、平少年のゆらゆらが始まりました。理由はおそらく、熊本先生がステージの左側に姿を見せたからでしょう。

一斉に体育館がざわめき出しました。何事が起こったんだろうと、校長先生はびっくりした表情で、話を止めることなく、ざわめきの元となる方向に目をやりながら、動揺を隠すように話を続けました。クラスの担任が、腰を低くしながら、できるだけ足音を立てないように、急いで指示を出しながら駆け寄りました。

平少年が白目を剝き、血の気のない死人のような表情で、一人だけ直立の姿勢でゆらゆらと、首だけを回していました。彼の周りの男子二人が、やせ細った平少年の身体を担ごうとしていましたが、重くてどうにも動かせませんでした。一人二人と加勢し、結局、硬直した身体を持ち上げるのに五人もの人数を必要としました。

平少年はそのまま保健室へ連れて行かれました。彼の体温はとても低くなっており、体重を量ると驚いたことに、通常の彼の体重よりはるかに重くなっていました。また、身体はキラキラ光っており金粉が全身に出ていました。

ベッドに寝かされた平少年でしたが、突然起き出し、訳の分からない言葉を叫びながら机にあったマジックペンを握り、保健室の壁一面に、文字を書き出しました。後で古文の先生によって訳されましたが、文字は日本の古代文字で、内容は日本神話に出てくる男女二神〝イザナギ・イザナミ〟について、ということが分かりました。この平少年が文字を書いた壁は、ある時期まで研究のために壁（ベニヤ板）ごと外され保管されていたそうです。ただ、現在はどうなっているのか分かりません。

本土（鹿児島）から海を渡ってやって来た医療研究チーム

平少年の神障りは、保健室の先生から医者へ、そして、本土の医療研究チームまでも動かすことになっていきました。医療研究チームによって平少年がトランス（変性意識）になった状態の検査が徹底的に行われました。トランスの時に脳波測定をすると、アルファ波が強く出ていました。体重測定をすると、トランスに入った途端に重くなりました。また、身体から出る一センチ程度の円形の金粉が採取され、背中や腕にみみず腫れのように浮き出す古代文字や龍のウロコ状のものが観察されました。

そしてなんと、平少年はこの頃には口から一センチほどの丸い透明なぷよぷよした魚の卵のような異物までも吐き出すようになっていました。この異物をぼくも見たことがありますが、いかにも人間の体内から外へ出た、という感じがしました。今まで見たどんなものとも似ていませんでした。

こんな状態の平少年に、さすがの研究者たちも頭を抱え込み、結論を出せないまま帰っていきました。

(2) 森君のこと

不幸予告の白い煙

ある日、平少年が夕暮れの灯台のある堤防で海を眺めていると、火の玉が飛んでいるのが見えました。胸騒ぎがしたので、急いで家に帰ると電話がなり、親戚の不幸の知らせを聞きました。次の日には学校で、授業中に何人かの背中から白い煙が出ているのが見えました。その内の一人が、その日の体育の授業中、足を骨折するという事故に遭い、もう一人には身内の不幸がありました。それで、平少年は確信しました。人の背中から煙が見えるのはその人の事故やけが、または身内の不幸の暗示であることを。

それをクラスメートに話すと、瞬く間にうわさが広まり、初めは、からかい半分でいろんな人が彼にそれを見てもらおうとやって来ました。彼はその頃、自分の意志で人の背後に意識を集中し、霊視できるようになっていました。

彼の霊視をする時のスタイルは独特で、実に奇妙で恐ろしいものでした。まず両手の指先を自分の目頭に当て、寄り目がちになり、視ようとする相手を呪い殺さんばかりの勢いでにらみつけます。だんだん顔の角度は下向きになると同時に、目玉が白目になっていきます。霊視してもらう人にとってその姿は、顔が引きつるほど恐ろしい形相でした。平少年は霊視をした後はとても疲れるらしく、ぐったりとしていました。

霊視の状況は、あたりが暗くなって視界が狭くなり、周りの音も聞こえなくなる感じになると視えてくるということでした。霊視の時、彼は白目状態なので、おそらく肉眼で見ているのではなく、意識が半分、身体から離れて、自分自身も霊体となって、霊の世界を垣間見ている感じだと思います。

彼の不幸鑑定は外れることがなかったので、やがて彼は「呪われた平少年」とうわさされるようになりました。彼に視てもらおうとする者は誰もいなくなり、彼が歩く所には人がいなくなるぐらい恐れられ、避けられるようになっていきました。

孤独なクラスメート

「平君、ぼくを視てくれないかな?」。誰も彼にそんなことを言わなくなって、孤独と恐怖を抱き、机を抱えるようにふせていた平少年に、一人のクラスメートが話し掛けてきました。顔を起こし、聞き覚えのない声の方に視線を向けると、一瞬、顔を見ただけでは誰か分からない、坊主頭で長身の男子が立っていました。

それもそのはず、彼、森君は教室の一番前の窓際に座っており、いつも目立たぬように外を眺めていて、誰とも口をきかない、誰にも相手にされない、存在感のない孤独なクラスメートだったからです。

「えっ? 視てくれって、ぼくが怖くないの」

「怖くないよ」

「もし、また白い煙が視えたら……」

「ぼくは、何も怖い物はないから、正直に教えてほしいんだ」

平少年は不思議に思いましたが、自分に話し掛けてくれたことが嬉しかったそうです。

「じゃ、視るよ」。いつものスタイルで、白目の霊視が始まりました。すると残念なことに白い煙がもうもうと出ているのが視えました。しかも、その量はとても多くハッキリとしていて、言いようのない胸騒ぎまでしてきました。

純粋な瞳で、にっこりとして見ている森少年に、平少年は正直に答えました。

「そうなんだ、ありがとう」。全く動揺を見せない森少年に平少年は驚きました。また、そんな彼に親近感を覚え、その後、意外に明るく楽しい彼といろんな話をし、久しぶりに一連の出来事を忘れ、楽しい一日を過ごしました。

衝撃事件

次の日、学校の朝礼で信じられないニュースを、担任の口から聞きました……。

「皆さんにとても悲しいお知らせがあります」。担任の先生は、深くため息をつき、いったん生徒の顔を一人一人確認するように見渡し、最後に視線を一番前の左側の席に向けたまま、真っ赤な目をし、沈黙していました。そこは、孤独なクラスメートの森君の席であり、今日は森君が座っていませんでした。

「昨夜遅くに、森君がビルの屋上から飛び降り自殺を図り、亡くなりました……」。水を打ったように静まりかえる教室内。そして、誰からともなくゆっくりと、まばらではありましたが平少年に視線が注がれました。昨日、森君を霊視していたことを、知らない顔をして皆は見ていたからです。

先生の話は続きます。

「えー、皆には伏せていましたが、実は森君は不治の病にかかっており、医者から余命わずかと言われていました。しかし、本人の学校に行きたいという、たっての希望があり、受け入れていました。ですから、早退や欠席も多く、皆さんと接する時間も少なかったと思います……」

止まった時間が動き出したかのように、教室内がやっとざわざわしてきました。

「お通夜は全員で行きますので、皆さんそのつもりでいて下さい」

平少年は動揺していました。「あの胸騒ぎの理由はこのことだったのか？　どうして気付いてあげることができなかったのか？」と彼は思いました。平少年は、「自分があんなことを言わなければ彼は自殺する必要はなかったのでは」と、奥歯をかみ締めながら震えていました。

「森君に謝りたい……。家に行こう、森君に、いや、母親に全部話して謝ろう」。平少年は思いました。

森君に会いに行く

奄美大島ではひときわ高い十階建てマンションの屋上から、少し強い風にあおられ、下の川を見つめて立っている平少年。「高い網のフェンスに囲まれたこの場所から、森君はたった一人でよじ登り、ここから飛び降りた。何を思いどんな気持ちで……」

平少年は森少年が飛び降りた場所に立ち、吸い込まれそうになる地上を見つめ、フェンスに頭をこすりつけながら泣いていました。そしてエレベーターを使って地上に降り、川沿いの土の所に生々しく、ヒト型が残る場所を見ました。

「人はどうして死ぬんだろう？　死ぬために生まれてきたのか？　神がいるならなぜ？」と思いながら平少年は持ってきた花を添え、ひざまずき、ゆっくりと目を閉じて手を合わせました。

森君の家に行く

都会と違ってニュースの少ない奄美大島の地域新聞では、どこどこの誰々さんがハブ（毒蛇）に噛まれて死亡しましたとか、有名人でなくとも記事になります。割とのんびりと平和な島の中にあって、学生の自殺というのは衝撃的ニュースとして知られることとなりました。

森君の家は五階建てのビルの三階にありました。玄関の前に立っている平少年…。彼の足はガタガタ震え続けました。「どんな顔をして、何から話せばよいのだろう。全てを話したら責められるかもしれない。でもこれは現実なんだ。どんなバツも受けよう」と平少年は思いました。

森君は母子家庭でした。母親の記憶をほとんど持たない平少年は、子供を亡くした母親の気持ちを自分なりに想像するしかありませんでした。

〈ピンポーン、ピンポーン〉

平少年の人差し指が呼び鈴からゆっくりと離れる頃、ドアが静かに開きました。

「あっ、あのー、ぼ、ぼくは……」。下を向いたまま、言葉にならない声を出す平少年。

「あなたが、平君ね」。とてもハッキリとした、優しい声がしました。

「はっ、はい!」と答え、平少年は「どうして、分かったんだろう? やっぱり……」と思いをめぐらせました。

「さっ、中に入ってくださいね」。平少年は森君の母親の顔をほとんど見ないまま、案内されて玄関から廊下を通り、線香の匂いの広がる部屋へ案内されました。

〈ポロロン〜♪ ポロロン〜♪〉

どこから聞こえてくるのか分かりませんでしたが、ピアノの音が聞こえます。「彼が好きだった曲なのだろうか? 誰が弾いてくれているんだろう?」と平少年は思いました。

写真の森君に手を合わせ終わる頃、また静かな優しい声で、母親が話し掛けてきました。

「平君、本当にありがとうね。あの子の最初で最後のお友だちになってくれて」

「えっ！」。平少年は、声のする方に向き直り、初めて母親の顔を見ました。そこには涙を浮かべるでもなく、しっかりと目を開いた森君の母親の強い姿がありました。

「あの日、学校から帰ってくるなり、目を輝かせて、あなたのことを一生懸命話してたのよ～」。母親はお茶を出しながら、にこにこと話を続けました。

でも平少年は、心の奥にしまいこんだ、どうしようもない悲しみを感じました。

「いつもは、いつ学校から帰って来たのか分からないくらい静かで、部屋からピアノの音が聞こえてくるのを聞いて確認するような感じだったのね。あの子は、生まれたときから病弱で、この年まで生きてくれたことは本当に奇跡なのよ」

「自分が人と違うということを、あの子は早いうちに気が付いて、友だちを作ろうとすることもなく、まるでピアノが友だちみたいに、いつのまにか独学で弾くようになって。私はあの子の体調とか心の状態が、ピアノの音で分かるようになったの。不思議でしょ？」と母親は言いました。

平少年は涙が溢れてきました。そして「森君はそんなにまで孤独を感じていたんだ、ぼくに今起こっている事なんて、それに比べれば何ともないじゃないか」と思いました。

「だから、あの子の口から友だちの話が出たのは初めてだったの。本当に楽しかったみたいで、帰ってくるなり私が料理を作っている間も私の周りにくっついてきて話してたわ」

「でも、森君が亡くなったのはぼくのせいなんです」との平少年の言葉に母親は目を丸くして、首をかしげました。

「ぼくが森君にあんなこと言わなければ」と平少年は、肩を震わせました。

「あ～っ、白い煙の話のことを気にしてるの？　平君、それは違うわ、あの子がそれを知ったら悲しむから、そんなことだけは考えるのをやめてね。良いのか悪いのか、あの子はそんなことで動揺する子じゃないわよ。私は、信じるわ。あなたの不思議な力のこと。あの子が私に生きがいをくれたように、平君にもなにか特別なお役目があるのね」

「あっ、ありがとうございます」。平少年は、その言葉に感謝し、それを信じることにしました。

〈ポロロン～♪　ポロロン～♪〉

この家に入ってきた時から聞えているピアノの音がさすがに気になってきたので、平少年は誰が弾いているのか、お母さんに聞いてみました。

「あの～、ピアノは……」。言いかけた途端に、母親はすっと立ち上がり、

「そうね、あの子の部屋も見てあげて。そこにあの子の大切にしていたピアノがあるから」

平少年は、黙って母親の背中を追いかけるように付いて行きました。

森君の部屋

森君の部屋らしい白いドアのノブをゆっくりと回し、お母さんはてきぱきと部屋に入り、大きなグランドピアノのカバーを外して横に立ちました。そこを見たとき、平少年は心臓が止まるかと思うぐらい〈ドキッ〉としました。

死んだはずの森君が、そこに座ってピアノを弾いています。平少年の頭は真っ白になり、ゆっくりと、またあたりが暗くなってきて、母親がいろいろと話している声までだんだん遠くなっていきました。すると、心の中に響くような感じで森君が話しかけてきました。

「平君、今日は来てくれてありがとう、この曲は最高の友だちに贈るぼくの精いっぱいのおもてなしなんだよ」

平少年は、母親を喜ばせようと思い、そのことを言おうと思いました。するとその時。「やめて!」。森君は瞬間移動して平少年の左腕をつかんだまま話を続けました。その手のひらの感触はとても生々しかったそうです。

「今、ぼくのことを話したら、お母さんが壊れてしまう」

「分かったよ、森君、黙ってる、約束するよ。でもどうして自殺をしたのか教えてくれないか?」

「お母さんは、ぼくのためにいろんなことを犠牲にしてきたんだ、ぼくは全部ちゃんと知ってる。小さい頃、ぼくのことでお父さんとお母さんが毎晩けんかしていて、それが原因で離婚したことも。ぼくに対する愛情が薄れるんじゃないかと他に子供をつくらなかったことも。ぼくの為に再婚話を断ったこと、お金が掛かるぼくのためにおしゃれさえできなかったことも」

「だから、いつ死ぬか分からないぼくのために、必死でいてくれるお母さんの姿を見ていることが、つらくて、つらくて。神様に早くぼくを連れて行ってお母さんを楽にしてほしいと祈り続けていたんだよ」

平少年は、今にも声に出して泣きたくなってくるのを母親に気付かれないように、顔を隠しました。

「あの日にぼくは、自殺をすることは前から計画していたんだ。ただ、死ぬ気になったから君に話し掛ける勇気が持てたのかもしれないね。でも、最後に話し掛けた人が平君で良かった。本当に楽しくて思い残すことはないと思えたもの。だから、自分を責めたりしないで」

「分かった、森君ありがとう」

平少年は、森君との約束をしっかりと守り、母親の横に笑顔で立っている森君にも見送られて、森君の家を後にしました。

校長室

「校長先生！　私が責任を持って何とかしますから、平君の退学処分だけは許してください」。平君の担任が校長室に呼び出されていました。

「しかし、君ねぇ！　もう父兄からも相当数、苦情の声が上がっているし、生徒たちの騒ぎも、どう鎮める気かね」と校長先生が言いました。

森君の件があってから、平君のうわさはエスカレートしていき、特に不幸鑑定を受けて「白い煙が視える」と言われた生徒たちが、呪われて自分も死ぬのではないかと震え上がりました。その頃、映画『ビー・バップ・ハイスクール』が日本中ではやっており、不良高校生風の学ランを着て髪型を主演俳優のようにリーゼントに決めた子たちがいました。その子たちの一人に平少年が「白い煙が視える」と言うと、その格好のまま急いで祖先のお墓に走り、ガタガタ震えながら助けてほしいとお参りをするありさま。また、平少年の言葉をきっかけに登校拒否をする者もあり、生徒それぞれの家族さえも巻き込み始めていました。

「校長先生、私がいろいろ調べた結果、彼の症状はこの土地（奄美）に古くから伝わるユタの〝神障《かみざわ》り〟ではないかと思うのです」と担任の先生は言いました。

「わっはっはっは……。なに！　ユタ、神障り、君は正気かね？　君は本気でそんな物を信じているのかね、あれは昔の人が作った幻想だよ。ユタとはフリムン（大馬鹿者）のことだ！　フリムンに何ができるというのだ！　それより平少年を退学させないなら、脳病院（隔離された精神病院）に連れて行くことを考えなければならないね」と校長先生はユタや神障りへの無理解をあらわにしました。

担任の先生は平少年の正気時の顔を思い出しながら、両手の拳を握り締め、しばらくうつむいていました。

「校長先生、私が結果を出します。あと一週間時間を下さい」と言う担任の先生に、「よし、分かった、一週間だぞ！」と校長先生は応じました。

謎のオカルト少年登場

呪われた少年のうわさはエスカレートしていきました。平少年の突然の発作もエスカレートする一方でした。そんな教室で、また一人、平少年に話しかける少年がいました。それは、オカルト少年〝盛君〟でした。

彼は一年の時から平少年と同じクラスで、オカルト雑誌等の愛読者でした。オカルトに対する知識は豊富でしたが、彼の話はいつも突拍子もなく、そのためクラスでは異質な存在でした。

「平君」

「盛君、何？」

「調子はどう？」

「調子って、良いわけないでしょう」

「前にも話したけれど、君は神に選ばれた人だと思う」

「また、その話か……。もう止めてくれないか。もし、神がいるなら、なぜぼくをこんなに苦しめるんだよ。神様は人間を助けてくれるんじゃないの？」

「……」

「しかも、何度も父親に包丁を向けたような、ぼくがなぜ神様に選ばれるんだよ。こんな時に、そんな話聞きたくもないし、何の慰めにもならないから、ほっといてくれよ」と平少年は言い、二人の会話は終わりました。

盛君は一年の時から平少年にまとわりつき、オカルト話をし続けていましたが、平少年はまったく興味を示すことなく、そんな話を真剣にする彼をバカにしていました。盛君はため息をつき、心の中で「まだ、話す時期じゃないのかなぁ……」と呟きながら、平少年の席を去っていきました。

（3）ユタに会いに行く

前田神様に会う

担任の先生から平少年に、治療のためにユタの所に行って見ようという誘いがありました。日曜日の朝九時に、先生が車で、自宅まで迎えに来てくれました。この時、平少年はユタという言葉を初めて聞きました。二人のユタに会うとのことでしたが、心配してくれている先生を信頼して付いて行くことにしました。なおこの担任の先生は奄美出身ではなく、九州の人です。平少年を心配し、奄美のユタのことを調べてくれたのでした。

ユタの家は、市内の川沿いで、家が密集した民家の二階でした。玄関の所には、注連縄《しめなわ》が下がっていました。

先生は、ドアを開けました。

「こんにちは～。○○学校の平です」

中から男の声が返ってきました。

「どうぞ～。上がってください」

中に入ると、部屋いっぱいの神棚とその前に白衣に白鉢巻をした、六十代ぐらいの男が座っていました。

「あ、こんにちは、前田神様ですか?」

奄美では、ユタ（天命）のことを何々神様と呼びます。ユタによってはユタといわれるのを嫌う人もいます。昔はユタではなく、ホゾンガナシ（法を存ずる神の子）と敬う形で呼ばれていました。

前田神様は当時、マブリワーシ（死者の言葉を語る業）で、一、二を争う実力者で、とても有名でした。

「どうぞ、どうぞ、狭い部屋ですが足をくずされて下さいね。そちらの生徒さんが平君ですか?」

「はい、今日はよろしくお願いします」。平少年は、動揺しながらそこに座りました。

「たいへんだったね〜」

「えっ?」

「話は担任の方から聞いているからね」。担任の先生は完全にお尻を床につけない状態のまま平少年を向き、見守るような優しい目で軽くうなずきました。

「この神棚の前に座ってみて、どんな気分かい」と前田神様は尋ねました。

「は、はい、今日はここに来るまでの間、動悸《どうき》が激しくなり、ここに来て、今、とても頭が重いです」。平少年はソワソワして、とても落ち着かない様子を見せていました。

既に、平少年の「動作」の中に、ユタの証拠が出ていました。

「君は神を信じるかい？」

「いえ、信じません」

「しかし、残念なことに、君に起こっている出来事は神なくしては話せないことなんだよ」

「は、はぁ……」

「では、聞くが君に起こっている事は何だと思う？」

「分かりません」

「では、言おう。君に今起こっている事は、神障りなのだ」

「神様がどうして、ぼくを苦しめるんですか？」

「君が、君の一族の大事な使命を持って生まれて来たのに気付かないからだよ。神は君を苦しめるつもりでそんなことをしているのではない。ただ、君を呼んでいるだけだ。神の呼ぶ声は、人間の身体には刺激が強すぎるのが実に厄介なのだ」

平少年の脳裏に、ふと盛君の顔が浮かびました。

「私も、君と同じ苦しみを味わってきたから、君の気持ちはよく分かるよ」

「え？」

前田神様の言葉を聞いて、平少年は何だかとても妙な安堵感に満たされました。

「さぁ、君が私と同じ使命を持った神の子である証拠を出そうね」

そう言いながら、平少年にススキ（三本束ねた物）を持たせ、チヂン（馬の皮でできた島太鼓）を取り出し、いったん平少年の顔を嬉しそうに見直し、太鼓を叩きながら唄を歌い始めました。

〈サワサワサワ……〉

平少年は、身体が震え、ススキを振り始めました。そして、平少年はまた白目を剝きました。太鼓のリズムに合わせて、両手を振って踊りだします。どんどん、リズムも唄う声も激しくなります。平少年はついに立ち上がりました。そしてユタの証しである古代の神舞《カミマイ》の手が自然に出ました。担任の先生も感極まって涙を流しながら、嬉しそうに手拍子を打っていました。

目の前で起こった奇跡の神口《カミグチ》
神舞が終わって落ち着いた頃、前田神様は担任の先生に、平君と二人にさせてほしいと言い、先生は部屋を出ました。
「平君、いいか。今から私が見せる業は、同じ使命を持つ者にしか見せない業だからよく見なさい」。そう言って、向かい合った二人の真中に盃を一つ置いて、なにやら呪文を唱え始めました。

「あっ!!」。平少年は思わず声を上げました。なんと目の前の盃が手も触れてないのに、まるで意志をもっているかのように自分の方へ動いてきます。

「なっ、なんですかこれは!?」

「びっくりしたかい、これが神の力なんだよ」。前田神様は、当たり前の出来事のようにゆっくりとした口調で話しました。

「この呪文は、神口《カミグチ》と呼ばれているもので、いろんな種類があるのだ」

今まで自分に起こってきた事は、自分にしか分からない出来事でしたが、目の前の現実は、それとは違う奇跡でした。

「今のは、奇跡を起こす〝魔法口〟で、他には病気を治す〝カザホロ〟、悪魔払いの〝祓い口〟、神を呼ぶ〝引き寄せ口〟など、たくさんあるのだ」

平少年には、何がなんだか分かりませんでしたが、夢中になってその話に耳を傾けました。

「今は封印されているが〝呪口《のろいぐち》〟というのもある」

「その昔、奄美が薩摩藩に攻められた時に、当時のユタたちが島を守るために使ったと伝えられている」

「馬の足跡に呪口を唱えると、兵士を乗せた馬が突然狂いだしたり、お茶に呪口を唱えるとそれを飲んだ者が狂いだすというものだ」

「それは怖いですね。もし間違ってお茶を飲んでしまったら大変ですね」と驚きを隠せない平少年は言いました。

「ユタにとって、見分けるのも、解除するのも簡単なことだ。呪口は少し欠けている湯飲みを選んで、その欠けている所に呪文を入れるし、お湯に波紋が出るのですぐ分かる。解除方法は、親指で欠けている部分をふさぎ、お湯に指を入れて波紋を消し、湯飲みを三回まわせばよいのだ」と前田神様は言いました。

「なんか、茶道みたいですね」

「良い所に気が付いたね、茶道の作法で三回まわすというのは、実は〝呪口避け〟なんだよ」

「へ～っ、勉強になります」

平少年は、やっと自分の場所が見つかったような気がしました。久しぶりにワクワクしながら夢中になって、今までの出来事も含め、いろんな話をしました。あっという間に時間が過ぎました。

「これからいろんな指導をするから、ちょくちょくおいでなさい」

「はい、ありがとうございます」

ありがたい言葉を胸に、迎えに来た先生と、そこを後にした平少年でした。

円山神様に会う

前田神様の所を出て、次に向かった二人目のユタは、円山神様（男性）でした。呼び鈴を押して玄関を入ると、世話好きそうな気さくな奥さん（実はユタ）が出迎えてくれました。奥さんは奥まった黒い瞳でジーっと平少年の心の奥を見抜くように見ながらこう言いました。

「あんたが、平君？」

「はい」

「若いのに大変だったね〜、おじちゃん（円山神様）に任せれば大丈夫だから、さ、さっ、上で待ってるから上がりなさい」

階段で二階に上がり、廊下の襖を開けると八畳ほどの部屋の奥一面に大きな神棚があり、横の壁には、神々の絵が描かれていて、部屋全体が神聖な空気感を漂わせていました。

「こっちに来て、近くに座りなさい」。円山神様は神衣装を着て神棚の右端に座り、線香に火をつけながら背中越しに言いました。

「はい、よろしくお願いします」

平少年は神棚同様にとても大きく頼りがいのある背中を見ながら、用意されていた座布団に正座しました。その横に先生も座り、お盆の上にお札を入れた白い封筒と神様に御供えする神酒を載せました。

「神障りじゃね……」

円山神様の前に置かれている鏡越しに平少年と初めて目を合わせながら、円山神様はそう呟きました。

「太陽の光が綺麗に真っすぐおりておるのが、この鏡にハッキリ映っているね」

平少年の身体は、またしてもユタの証しでもある〝第一次動作〟を見せていました。

「これは、もう神が乗りかかっているから、もう待っておられんかもしれんね～」

「ぼくに乗りかかっている神とは、なんという神様ですか?」

「神の名は、私の口から言うものではないよ、口開けといって自分の口から出るんじゃ。あんたは、もう神の名も出るんじゃないかね～」

円山神様は腕を組みながら、少し考える姿を見せました。そして、榊《さかき》とススキを平少年の前に並べました。

「この二つのうち好きな方を取りなさい」

平少年は、迷わず身体が操られるように、ススキを取りました。

「なぜ、ススキを取ったか？」

「あっ、わ、分かりません、身体が勝手に」

「これには、ちゃんと理由があるんじゃ」

円山神様の言葉を聞いて、平少年は目を丸くしました。

「はい、分かった。あんたは自然の神、島の神じゃね」

そう言いながら、円山神様は確信を持ったかのように島太鼓を取り出しました。

「あんた、そこでススキを持ってなさい。踊りたくなったら踊って、泣きたくなったら泣いて、声出したくなったらいくらでも声を出しなさいね」

「はい……」

円山神様は先ほどの前田神様とはまた違う、島独特の節回しで太鼓を叩きながら神唄を歌い始めました。平少年はすぐに勢いよく立ち上がり、声を出しながら踊り始めました。

そして、円山神様が唄の中で神の名を出させる神口を唱えた時に、彼は叫びました。

「イ・ザ・ナ・ギ～、イ・ザ・ナ・ミのみこと～」「十二支の神～」

彼は大声で泣きました！　そう、先の見えない日々が続く中、彼は初めて泣いたのです。

彼の神々も泣いていました……。もちろん先生も。また、下で様子を見守っていた円山神様の奥さんも、自分の過去の苦しみを思い出すかのように泣いていました。

〝生みの苦しみ〟という言葉があるように、新しい生命の誕生には苦しみと試練がついてきます。しかし、苦しみが大きいほどその喜びも大きいものです。この神の子誕生も自然の摂理にかなった、まさにシャーマニズム的な神の誕生の瞬間ではないでしょうか。

ユタの道へ進み始める

神障りを鎮めるためには、道を開かなければなりません。道とはユタへの道であり、見えざる神とつながり、ユタとなって人助けをする道筋でもあります。そのために、奄美のユタは次のようなことをします。

一、（最初に火の神を祀《まつ》ってから）神棚を作る。

二、自分の「海（月）の神の聖地」と「水（太陽）の神の聖地」を間違えないように見つけ出す。

三、親神（円山）と子神（平）の盃（弟子入りのようなもの）をする。

四、「神つなぎ（神様との結婚式または、神人合一の儀式）」

五、聖地まわりや神祭り

この一から五はユタになる個人だけがするのではなく、家族も一丸となってお祝いし、協力しないとできない、ということです。

「ぼくのお父さんは神様が大嫌いなんですけど、どうしたらいいんですか?」との平少年の問いに、円山神様は「お父さんが入退院しているのも神障りの一つだから、あんたが一生懸命願えば元気になるし家族も安泰になる。それから説得しても良い」と答えました。

平少年は殺したいほど憎んでいた父親を救うために、自分が願うなんてことができるか、と不安でした。しかし、家族を支えようとしてくれている弟のためならできると心の中で思いました。そして、もう一つの〝期待〟が平少年の頭をよぎりました。家族の不幸も神障りであったなら、母さんも帰って来るかもしれないと……。

とりあえず、今の神障りを一時的に鎮めるための「延期願(神様に待ってもらう願い)」が行われて、神棚を自宅に設置した方が良いという話になりました。平少年が今の家庭の経済事情を話すと、円山神様夫婦は親身になって話を聞いてくれました。そして、とりあえず神棚一式を、円山神様の好意により貸し出すことになりました。

先生も協力して平少年の家に神棚が置かれ、神障りもその日からうそのようになくなりました。もちろん、退学の話も消えました。物理の熊本先生を見ても反応しなくなり、もう学校で白目を剝くことはなくなりました。ただ、相変わらず他の人が彼に近づきたがらない現実は、なかなか変わりませんでした。

新たな気持ちで学校へ

「盛君、いままですまなかった」

「おっ、平君。今日は晴れ晴れとした表情をしてるね」

平少年は、これまでの経緯を話しました。

「盛君は、ぼくに気付かせようとしてたんだよね」

盛君は、はにかむような表情をしながらこう言いました。

「実は、ぼくも同じなんだよ」

「えっ？」

盛君は自分の能力について初めて語りました……。

「そうだったんだ、同じ仲間が近くにいて嬉しいよ」

「ぼくも、やっと自分のことが話せて良かった」

二人は、共に神の道へ進む同志として、急速に仲良くなっていきました。

自宅で神棚に向かう日々

平少年は自分のためにも、家族の幸せのためにも、神の道を進んで行く決心をし、朝晩欠かさず神棚の前に座り神業に励み、また、先輩ユタたちと一緒に聖地巡り等も進んで参加しました。夢遊病のようになることも一切ない、その生活の中で変わったことが起きました。それは毎朝、美しい声で起こされるようになったことです。

その声は、まるで母親のように優しく、一人暮らしで炊事洗濯をしている彼に、「起きなさい」「まずは、布団を干しなさい」「洗濯しなさい」「ごはんを炊きなさい」という具合に、どうしたら一日の家事が効率良くはかどるかを指導してくれているようでした。

現に、その通りにすると、今までの半分の時間で事が済むと彼は喜んで盛君に話していました。その声の主を平少年は指導霊と呼んでいましたが、誰なのかは二人とも、追及することはしませんでした。ぼくは、それは平少年の母の声だと思っていました。

平少年が神棚の前で祝詞を上げ始めると、一時的に「神懸り《かみがか》り（トランス）」になり、その時に彼の手が不思議と〝ほのかに光る〟のは、霊感の有る無しに関係なく誰の目にも見えました。

また、彼を写した一枚の写真に神様の姿が写ったこともありました。彼が一人で笑っている肩の上に、白い衣のようなものを着て、こちらに向かって左手を真っすぐに伸ばし指を差している「イザナギ（男神）様」の姿が二十センチほどの大きさで、ハッキリとカラーで写っていました。

3．盛少年の場合

（1）オカルトマスター盛君

ここで三少年のオカルトマスター盛少年のお話をしておこうと思います。

盛少年が小さい時、川に石を投げて遊んでいました。すると、「川に石を投げないでください」という不思議な、高い声域の声が聞こえてきました。また、幼稚園の遠足では、森で「この木の樹齢はね、〇年なんです」といった声も聞こえてきました。盛少年は他の子供たちと遊ぶより、一人で自然の中に入って不思議な精霊の声と会話をすることを楽しむようになりました。ただ、盛少年の父はそういった話が嫌いで、不思議な声の話をすると怒られるので、盛少年は両親にも周囲にも黙って不思議な精霊の声と対話を続けました。

そのうちに、霊的な事柄に詳しくなり、やがて白い霧が集まって精霊が白黒で見えてくる霊視能力も開花し、目に見えない精霊と交信できるようになりました。また、新聞配達のアルバイトで早朝に自転車で走っている時に、何度かＵＦＯに追いかけられることがあったり、昼間、公園にいる時には、あたりが急に日陰になり、頭上を見ると窓まで見える大きなＵＦＯの母船が止まっていた、というような体験も何度かあったそうです。

彼は平少年に起こっている一連の現象や熊本先生の背後の因縁についても感付いていました。

ぼく（円）が平少年に出会った時には、平少年が人を避けているような時に、いつもマネジャーのように盛君がそばにいました。ぼくはこれまで盛君とあまり接点はなかったものの、小学校と中学校が同じだったのでお互いに顔を知っていました。平少年のうわさを聞いて、途端に身体全身の血がたぎるほど彼に近づきたくなってしょうがなかったぼくは、まず面識のある盛君に接近しました。

盛君の家は、ぼくの家から自転車で四分ぐらいの所にありました。家は商売をしていて、一階はお店で二階に彼の部屋がありました。彼の家に遊びに行くときは、神様などが大嫌いという厳格な彼の父に悟られぬように、軽く挨拶をして一階のお店から入り、商品の間を通り階段を上がって彼の部屋へ行きました。

ぼくの能力にも気がついていた盛君は、秘密にしていた自分の能力についても割合すぐに打ち明けてくれました。霊視でぼくのオーラや守護霊、前世、そしてぼくが神様、イエス様、天使、それぞれに向けて祈る時にどのような変化があるのか等、ぼくの探究にトコトン付き合ってくれました。そんな中で、守護霊は左の肩に女性、右の肩には男性、頭の上に守護神、背後に指導霊や背後霊団という存在がいることが分かってきたのです。また、守護霊同士は会議のようなことをしていることもありました。ぼくも視えるようになりたいと、訓練方法を教えてもらいました。まずは、瞑想の方法、呼吸は細く長くし、座禅を組み半目でロウソクの火を見つめる、そのロウソクの炎の中に霊が視えるということでした。次に、薄暗い部屋で鏡の前で自分の顔を凝視しながら前世の自分の姿を視たいと心の中で唱える、そうすると自分の顔が変化して前世の顔になるというのです。オーラを視る練習として鏡に映る自分の輪郭を凝視する、などでした。こんなことを教えてもらっては実践するのですが、一人の時は恐怖感もあってうまくできませんでした。

(2) 弟の額の十字架

ある時、盛君の家に遊びに行くと弟がいて、紹介されました。弟の額を見ると一円玉ぐらいの大きさの小さな十字架の形が焼印されたようにハッキリとありました。それに目を奪われ、興味津々のぼくは真っ先にそれについて聞いてみました。すると彼は首にかけている十字架のペンダントを見せました。見ると額の十字架と形が一緒でした。なるほど、その十字架に熱を加えて、額に押し付けたんだと思いました。

しかし彼はこう説明してくれました。ロウソクの火の前で座禅を組み、右手の人差し指と親指で十字架を持って、それをじっと見つめるという瞑想を一週間くらいやっていたら、額に十字架が現れ始めたということでした。ぼくはとても気になったことがあったので聞いてみました。「そ、それで学校に行っているの？」と。苦笑いした彼は、友だちや親には、かきむしってたら傷になったと説明している、と言っていました。

指ではさんでいたためか、十字架の下の方は未完成ですが、上の方は十字架のペンダントそのままの形なので、苦しい言い訳だと感じました。超能力の世界には念写と呼ばれるものがあります。頭のイメージを写真に写すというもの、と説明したら分かっていただけると思いますが、額の十字架は、その〝念〟の力が働いて、焼き付いたのかもしれません。

ぼくは、さすがにそれをまねてやってみたいとは思いませんでした。しかし、さすがオカルトマスターの弟だと思いました。本人が秘密にしていたかどうかは分からないですが、霊が視えたりする能力はないと言っていました。

二、三少年の出会い、霊の探究

1．三少年の出会い

高校に入学して最初の体育祭が行われていた時のことです。高一のぼくは長距離走が苦手で、仮病を使ってグラウンドが見える日陰で見学をしていました。すると後ろから「ＵＦＯが」とか「ふしぎじゃや～（不思議だね）」とか面白そうな話し声が聞こえました。振り向いて見ると、一人の少年がオカルト雑誌を広げ、もう一人の少年に一生懸命に説明していました。他に見学している生徒はおらず、先生の監視の目もないので、二人は地面に座りこんで夢中になって話していました。

「面白そうだね。何を話しているの」とぼくが話しかけると、少しびっくりされましたが、同じ学年ということで打ち解けるのに時間はかからなかったです。雑誌の説明をしていたのが盛少年で、「そんなのオレ、信じないよ」という態度なのが平少年でした。二人は同じクラスだということでした。ぼくは初めて見る不思議なオカルト雑誌に興奮し、盛少年の話に耳を傾けました。

これが三人の運命的な出会いでしたが、その時はほんの数時間、お互い遠慮がちに過ごしただけでした。その後はクラスが違うこともあって三人で会うことはありませんでした。また、盛少年以外は自分の不思議な能力のことに気が付いていませんでした。盛少年は早くに自分の不思議な能力に気付いていて、平少年にもそれを気付かせようとオカルト雑誌の記事を見せたり、「平少年は神に選ばれた」と言ったりしました。しかし、平少年は、最初は取り合わなかったのです。

盛少年は平少年、そしてぼくの能力にも気が付き、我々の能力を開発するきっかけを作ってくれました。

やがて三人は平少年の神懸りをきっかけにたびたび会うようになりました。そして三人で学校の昼休みには使われていない校舎の秘密の場所に集まりました。そして放課後はぼくの家を中心に誰かの家に集まり、時には泊まって朝まで話をしました。話は霊的な事ばかりで、三人はそれに夢中になっていました。「あそこには幽霊がいる」といううわさでもあると、三人でそこに行かずにはいられない、という日々でした。

ある日、学校の秘密の場所で盛少年がオカルト雑誌を出して演説を始めました。そのころぼくたちは高校二年生になっていました。すると、その場所と三人の位置から、今まで喉に引っかかった小骨のように、思い出そうにも思い出せなかった記憶が甦りました。「前にもこんなふうに三人で話したよね」とぼくが言うと、盛少年も平少年も二人で顔を見合わせて不思議そうな顔をし、首を横に振りました。

「ほら、一年生の頃、体育祭の時に体育館の日陰で話したじゃない」とぼくは言ったのですが、二人はどうしても思い出せない、と言うのです。ぼくのインパクトが弱かったのか、それとも白日夢を見たか、トリップして未来のこの瞬間をあらかじめ体験したのか、謎だ、と思いました。ぼくは体育祭をサボるための仮病計画をずいぶん前から立てて、当日実行したことを覚えていました。ぼくにとって、サボったことと三人で話したことは現実そのものでした。しかし、二人の反応から、デジャブ（既視感）だったのかもしれない、と思うようになりました。

2. 平少年の弟の謎

平少年の神懸りが始まって間もない頃、集合団地で一人住まいの平少年の家を訪ねた時のことです。インターホンを鳴らすと、見知らぬ男がドアを開けました。その男は右足に包帯を巻いて足を引きずっていています。一人暮らしと思って驚いていたぼくに「あ、兄貴の友だちですか？　ぼくは弟です」と彼は言いました。弟がいる話を聞いてなかったので、ぼくは少し戸惑いました。

平少年は留守でした。弟は高校へ行かずに大阪の靴下工場に就職して、会社の休みで来ているとのことです。平少年の神懸りの様子が気になっていたぼくが、弟に様子を聞くと、「え、神懸り？　そんな話は一切聞いてない」と言います。兄貴から神懸りはもとより、霊的な話は一切聞いてないとのことでした。

「兄貴にもそんな力があったんだ……」。ボソっと弟が言った言葉をぼくは聞き逃しませんでした。

「え！　どういうこと、君にも何か見えるの？」

「実はばかにされると思って、この話は誰にもしてないんだけど」。彼が話し始めた内容はこうです。

「小さい頃から人と話をしていると、その人に起こる明日の危険な出来事がその人の顔の前に見える。最初は何を意味している映像だか分からなかったけれど、だんだんと分かってきて、ある時、見えたことを言ってしまった。すると、その人に起こるはずの出来事が自分に降りかかってきて、その人には起きなかった。

そして分かった。未来は変えられない、もし変える場合は、その出来事を自分が引き受けなければならないということを。実は、この右足の捻挫もそういうことで起こってしまった。二日前に久しぶりに会った友だちと話をしていた時、その友だちの顔の前に映像が見えた。自転車の後輪に足を挟まれてけがをするシーンが。ぼくはとっさに、お願いだから明日は自転車に絶対に乗らないでほしいと言った。そしたら案の定、昨日、転ぶはずのないようなちょっとした階段で転んでしまって、映像で見たのと同じ場所を捻挫した」

彼が言った「未来は変えられない」という言葉で、思い出した話がありました。それは、ぼくたち三少年が頼りにしている、ぼくの家の近所に住むユタのおじちゃん（後に親神様となる）に聞いた不思議な話です。

ユタのおじちゃんの住む家で起こったことです。ある時、ユタのおじちゃんのお父さんがトイレから出てきました。そのあとすぐに、またお父さんがトイレから出てきました。「マブリ（魂）が抜けている」。とっさに悟ったユタのおじちゃんは、神棚で神様にお伺いを立てると、もう一週間の命だと言われたそうです。おじちゃんは神様に必死であと一年間、命をもたせてほしいと願ったそうです。すると神様が「ならば一年間の病気の苦しみを全部引き受けるか」と言ってきたので、引き受けると言ったそうです。それからおじちゃんには、がんの苦しみが始まったそうです。

分かってはいるもののあまりにもつらいので、痛み止めでももらえないかと、病院に行っても異常が見つからないので薬は出されず、一年間、相当苦しんだそうです。何も知らない父親は元気に過ごし、一年後にポックリと眠るように亡くなったそうです。変えられない、変えてはいけない人の宿命というのがあるのでしょう。どうやら、誰かの不幸を自分が代わりに受けるということを真剣に神様に祈るのなら、神様は叶えてくれそうです。

さて、弟がなぜ高校に行かずに就職をしたのか、気になって聞いてしまいました。こんな経緯があったそうです。

「酒びたりのばくち打ちでろくに働かない父親のせいで母親は出ていき、兄弟二人は親戚をたらい回しでその生活は悲惨だった。ある日、高校に行きたいという兄貴が、働いて家にお金を入れろと怒鳴る父親に我慢できなくなり、台所から包丁を取り出し、父親にその鋭い刃先を向けた。『おまえのせいで母ちゃんは出て行った。みんな不幸だ、おまえを殺して俺も死ぬ』と殺気立っている兄貴を必死で止めて、『兄ちゃん、中学出たらぼくが働くよ、そして、兄ちゃんを高校に行かせるから、やめて！』と、説得した。元々、ぼくはそんなに高校に行きたいと思ってなかったし、社交家で友だちもいっぱいいる兄ちゃんが高校に行けないのはとてもつらいことだと思ったから、ぼくはこれで良かったと思っている」と平少年の弟は言いました。

とても頼りがいのある大人っぽい弟がそこにいました。

3. モーゼを待つ男

ぼくの家は四階建てビルの二階にありました。家の裏側は、現在は埋め立て公園ですが、以前はすぐ海で、窓から遠くの方に港が見えました。反対側の窓からは山が見えていました。奄美はどこにいても海と山が見えるような所です。

ぼくは夜の真っ暗な海に少し恐怖を感じることもありましたが、大きな客船のほんのりとしたあかりを見るのが好きでした。島の夜は車も少なく、眠る頃には、波の音だけが聞こえてきました。花火大会の時は自宅でご飯を食べながら、窓から花火が見えました。この日だけは、一年の中で一番得した気持ちになりました。

ある日の夕暮れのことです。窓から海の方を眺めていると、夕方以降はほとんど誰もこない近くの堤防に、人が立っているのが見えました。それから時折、その人を見かけるようになりました。薄暗くてはっきりとは見えませんでしたが、大きな丸太棒を肩に担いで、微動だにせず海の方に向かったまま二～四時間、そこに立っていました。丸太棒を抱える後ろ姿は、海に浮かぶ十字架のように見えました。

「これは、何かある！」と、ぼくの血が騒ぎ始めました。そして、ぼくは再びその人が現れるのを待ちました。数日後、二階の窓からその姿を確認すると同時に、ぼくは家を飛び出し、その人の近くに行きました。近づくぼくの足音にも動じることなく、その人は海に向かって十字架のように立っていました。

その人はボロボロの白いズボンに上半身は素肌、髪はぼさぼさでひげを生やし、やせ細った身体の男でした。ぼくはイエス様を思わせるその風貌にドキッとしましたが、勇気を振り絞って、「こんばんは～」と話し掛けました。返事はありませんでした。

ぼくは「あのぅ、いつも家の窓から見ていて気になったもので、何をなさっているのかなぁと……」と言いました。その男は、そのままの姿勢で静かに目を開き、担いでいた丸太棒を肩から下ろし「ふぅ」と息を吐き、こちらを向き、いったんぼくを見ました。そして、丸太を地面に置き、一方の肩に縦に掛け、あぐらをかいて座りました。

「君はどうして、私のことが気になったのかね？」。その男は、断食でもしているのだろうか、鋭い眼光で、でもとても優しい声で話してくれました。ぼくは「なんだか、遠くから見ると十字架のようで、とても気になったんです」と言いました。男は少しほほ笑み、何かを確信したかのような表情をしました。

「君もなにか使命を背負ってるのかもしれないね」と男は言い、ぼくの返答を聞く間も与えず、さらに「君は神を信じるかい?」と言ってきました。

「はい、ぼくは今、聖書を勉強しています」と答えました。男は「それは、君にとって大切なことかもしれないね」と言いました。ぼくは「あ、ありがとうございます」と言いました。男は「じゃ私の話をしよう、他人に話すのは初めてだが、君は理解してくれそうだ」と言いました。

ある日、男は何かに呼ばれるように、この堤防に自転車でやって来たそうです。すると、突然、地震のような衝動が起こり、気が付くと、自転車に乗ったまま天と地が逆さまに見えたということです。宙吊りのような格好になったということだと思います。夕暮れの時間で周りに誰もいなかったそうです。

身体を自由に動かすことができず、恐怖の中で、自分が今どこにいるのか、何が起こっているのか、全く分からなかったそうです。すると、暗い海の方が光り始め、海の上に光の道が現れ、その男の場所まで延びてきて、二人の人影がこっちに向かってきました。前を歩いているのは、ひげを生やして杖を持った老人で、後ろには天使がついてきました。その老人は旧約聖書に出てくるモーゼで、もう一人の天使は大天使長ミカエルだということが分かったそうです。

彼らは男の前に立ち止まり、ある重要なメッセージを伝えてきたそうです。そして、再び同じ時間に〝もう一つのメッセージ〟を伝えるためにやってくるから、ということでした。男は彼らと約束しました。それで男はここでモーゼを待っている、ということでした。その他にも、哲学的ないろんな話を聞かせてくれました。

話が終わると、男は丸太棒を海に投げ、いきなり夜の海に飛び込み、そして、そのまま暗闇に隠れるほど遠くへ泳いで行きました。しばらく帰ってくるのを待っていましたが、一向に戻ってくる気配がなかったので、ぼくはその場からそのまま家に帰りました。

それから何日も、二階の窓から男を捜しましたが、二度と見ることはありませんでした。平少年も盛少年も男に興味を持ち、会いたがっていたのですが、その後、何の手がかりもなく、ぼくだけの体験で終わってしまったことはとても残念です。いや、もしかしたら……。本当は〝現実には存在しない人物〟だったのかもしれません。

4. 謎の薬屋店主

ある日の昼休みに、ぼくと平少年が誰も来ない校舎の秘密の場所でお弁当を食べていた時のことです。盛少年がニコニコしながらやって来ました。不思議ですが、彼はいつもニコニコしています。盛少年は「面白い情報が入ったよ」と言いました。(お！　待ってました)

と心の中で思うぼくと平少年でした。某所の薬屋のおじちゃんが不思議な力を持っているらしい、ということでした。今考えると、盛少年がどのようにしていろいろな情報を集めてきたのかは謎です。

そこで三少年チームは早速、学校が終わった後、ワクワクしながらそこに向かいました。場所は市内の少し交通量の多い道路沿いの古い薬屋さんでした。ぼくたちはバイクでそこに到着しました。当然、あらかじめ約束したわけではなく、買い物をするわけでもないので、少しためらいましたが、思い切ってドアを開け、「こんにちは～～」と中に入りました。

夕方だったせいか薄暗く、中はだだっ広く、商品の薬の箱のほか、商売とは関係のない私物のようなものも雑然と並んでいました。奥の机に四十代くらいの店主らしい男性が白衣を着て座っていました。その男はぼくたちをチラッと見るなり、机に置かれていたノートをパラパラめくり、その中の何かを確認するような様子でゆっくりと話し始めました。

「君たちは今日の十二時四十五分頃にここへ来ようと話していたでしょう」と言われ、ぼくたちは耳を疑いました。確かに今日のその頃、つまり昼休みの終わり頃に、三人でここに来ることを決めたのです。「はっ、はいっ、そうです」と驚きのあまり固まるぼくたちに、店主は「君たちは今日、私の能力のことで訪ねてきたんだよね。まあ、そこに掛けなさい」と言い、ぼくたちは四人掛けのソファに座らせてもらいました。

ぼくたちのうち一人が「どうしてその時間まで分かるんですか」と言いました。「不思議に思うかい」という店主の顔を見ながら頷《うなず》きました。誰かの顔を思い浮かべると、途端に電話が鳴ったりするというのはよくある話だけれど、日時まではっきり当てる人のことは聞いたことがない出来事でした。

店主はおもむろにノートを見て腕時計を確認し、「今度は五分後に右手に買い物袋を持った女性のお客さんがやって来るよ」と言いました。（この人は何者だろう）とぼくたちはゴクリと唾を飲みこみ、静かにその時を待っていました。「こんにちは～～」という声の方向を見ると、さっき聞いた姿の女性のお客さんが入ってきました。店主はスッと立ち上がり、ぼくたちの方を向いてニッコリしてからお客さんに対応しました。

「こんなことが本当にあるのか。そうだ、あのノートに秘密があるに違いない。今日はぜひ、その秘密を教えてもらおう」とぼくたちは口をすぼめ、小声で話し合いました。

「今日はこれでもうお客さんは来ないから、店を閉めて君たちの聞きたいことに答えるよ」と言う店主の言葉にぼくたちは顔を見合わせ、心の中で（おーー!!）と喜びの声を上げ、拳を振り上げました。

「肉ぶれって分かるかい」と店主は問いかけました。「分かりません」と答えました。「瞼がプルプルと震えることがあるだろう。そんな感じで身体のいたるところが突然プルプルすることを私は肉ぶれと呼んでいるんだ」と店主は説明してくれました。

この、身体のあちこちがプルプルするのは、ぼくたちには日常的によく起こる体感で、特に重要なこととは思いませんでした。しかし、後でいろいろな人たちに尋ねてみたところ、やや特異体質でないと体感できない、ということが分かりました。

「あ~それならあります。腕や足の一部分が指で差された時のようにプルプルすることがあります」とぼくは答えました。すると店主は「私はそれに何か意味があるのではないかと考えて、このノートに肉ぶれの起こった場所と時間を記録してみることにしたんだ。そしてやっとその意味を解読することに成功したんだよ」と言いました。

店主の説明では、肉ぶれは人や精霊の念波である、ということです。人が誰かのことを考えた時、その思いのエネルギーが一瞬にして念波となり、空間を超えて肉ぶれを起こしている、というのです。店主は自分の身体のあちこちを指さしながら、肉ぶれの解読の方法を説明してくれました。

「ここからここまでの範囲の肉ぶれは低級霊で、この範囲は生きている人。肉ぶれが起こる場所によって、その人の霊的なレベルや男か女かも分かる。そして、ここからここまでの範囲がご先祖様で、この範囲は守護霊、この部分にくると神です」といった話を詳しくしてくれました。肉ぶれの定義は店主によってかなり確立されていて分かりやすく、革新的な内容でした。店主はいずれ、この肉ぶれの研究を本にして出版したい、と言っていました。

この衝撃的な話が終わった後、店主はまた興味深い話を始めました。「この部屋、暖かいでしょ」と問われ、ぼくたちは「あったかいです、でも暖房が見当たりませんが」と答えました。この時は冬で、さすがの南国奄美も気温が下がり、どのお店にもたいてい暖房が入っています。しかし、店中あちこちを見回しても、暖房はありませんでした。

「暖房は一切置いていないよ」と店主は言いました。「この部屋にはたくさんの天使たちがいるんだ。だから暖房を入れなくても暖かいんだよ」という話に、ぼくたちは思わず身を乗り出し、夢中になりました。

「私は最初はこういったことに興味を持ったり、研究したりしようと思ったわけじゃない」と店主は言いました。店主は、元からオカルトが好きだったわけではなかったそうです。ある夜中、寝ているときに金縛りのような感覚となり、身体が動かせない時に人の気配がし、美しい音楽が聞こえたそうです。勇気を振り絞って目を開けると、自分の顔をのぞき込むような、ほとんど息がかかるほど近い距離で、真っ白な西洋風の顔立ちをした男性と目が合ったそうです。

その後、その人物は何度か現れ、コンタクトしているうちに、天使長ミカエル様であることが分かった、といいます。それから天使たちに囲まれながらお店を営み、時にはお客さんの相談事にのることもあった、ということでした。

白い夢

「白い夢を見たことがあるかい」と謎の薬屋店主が言いました。「ぼくの見る夢はだいたい、あたりが薄暗い感じですが」と答えると、店主は「人間は寝ているときに、実は霊界へ行ったり来たりしているんだよ」と言うのです。

それは、寝ている時に、ぼくたちは肉体から離れて魂（意識体）の状態で天国や地獄に行っているという意味です。普段、ぼくたちが見る夢は視界が狭く、あたりがぼんやりして色の具合もはっきりしてない感じですが、それは地獄に行っていることを意味し、天国に招かれた時は、あたりがはっきりとしたカラーの夢になる、ということです。

「どうすれば、その白い夢を見ることができますか？」とぼくは尋ねました。すると店主は、「天国を信じ、見せてくれるようにひたすら祈りなさい」と言いました。盛少年と平少年は実践しませんでしたが、聖書を信仰していたぼくは、どうしても天国を、そして、生のキリストを見てみたかったので、その日の夜から早速、実践しました。

寝床につくと、黒いバイブル（聖書）を胸に抱きしめ、ばかの一つ覚えのように、「イエス様どうか天国を見せてください」と祈りながら寝ることを、一週間続けました。

そして、その願いは通じ、こんな夢を見ました、いや、夢というよりもっと現実に近い感じで、その違いは自分が夢の世界にいることを自覚できたことでした。以下は、夢のシーンです。

ふっと、気付くと白銀の世界に立っていました。不思議なことに三百六十度視界が見えます、目を動かさなくても首を動かさなくても、上も下も前も後ろも横も……。それと、どこまでもはるか彼方まで見えます。建物も緑もなにもない白銀の風景です。

ぼくは直立した姿勢で、地面に足がついている感じはなく、質感も分からない、音も風もなく、そのうえ重力による身体の重みも温度感もなく、ただシーンとしていて、何とも言えない幸福感に包まれていました。

ぼくはこれが店主のいう「白い夢」だということが、はっきりと自覚できました。「やった〜!!」。ぼくにも見ることができた、平君や盛君に教えてあげなきゃと興奮していると、ぼくの両腕にするりと腕が入ってきました。首は動かさないでも、両方の腕の方をいっぺんに見ることができました。

二人の天使が嬉しそうにほほ笑みながら、ぼくの腕を抱えていました。全身真っ白で、裸の、西洋風の、とても美しい女性と男性の天使でした。ビックリするのも束《つか》の間で、そのままの姿勢のぼくは天使たちに運ばれていきました。というのか、なぜだか身体を動かすことができませんでした。

ぼくは急発進の圧迫感もないまま、とても心地よいスピードで真っすぐに、移動して行く、という感じを持ちました。はたから見れば、二人がロウ人形の腕をつかんで飛んで行くような感じなんだろう、と思いました。

どれくらいの距離を移動したのかは分かりませんが、遠くの方に突然、緑の葉をつけた大木が現れてきました。近づいて行くにつれ、全体像が見えてきました。なんと、大木の下に置かれた木でできた立派な椅子に、長い黒髪でアジア系のやせ細った男性が、白いストーンとした服を身にまとい座っていました。

その男性を取り囲むように、大小さまざまの二十体ほどの聖霊たちが楽しそうにほほ笑みながらそこにいました。ぼくは、その男性の一メートルぐらい前に立たされ、ぼくを運んできてくれた天使たちもぼくの腕からはなれ、その聖霊たちの中に入っていきました。

「あなたは、私を求めていましたね」。ぼくの身体の芯まで響く重低音で太い男性の声がしました。目の前の男が発した言葉のようでしたが、口を動かすことなく声だけがはっきりと、耳からではなく身体の中に響きました。同時にぼくは、この男性は〝イエス様〟であると確信しました。

「はい」とだけ心の中で答えると、「私はあなたの中に入ります」という声がしました。びっくりしたぼくが心の中で「えっ!!」と叫ぶ間もなく、目の前の男は椅子から立ち上がり、自分の両手をゆっくりとぼくの方に向けました。立った感じではぼくより少し背が高いくらいだったので、百七十二センチ前後だと思います。足が長く、とてもシャープでハンサムな顔立ちをしていました。

すると、不思議なことにぼくの両腕が勝手に上がり、男と同じような「前ならえ」の格好になりました。その男はぼくの方にゆっくりと進んできて、ぼくの指先にその男の指先が触れたと思ったら、そのまま透明になって、ぼくの身体に入ってきました。ぼくは驚きと同時に得体の知れない衝撃を感じ「ハッ」と目が覚めました。

普通の夢なら、目覚めれば、それが夢であったことが分かりますが、この時は「白い夢」の中での自覚もあったし、目覚めた時も夢と現実の境が全くありませんでした。そして、自分の意思で身体を動かすことができることを確認し、現実界に戻ったことを確信しました。

ぼくが両腕を見てみると、ひじから下が赤みを帯びていて金粉がたくさん出ていました。その日の朝、盛少年が家に遊びにやって来ました。ぼくは、まず白い夢のことを何も言わず、盛君が何かに気付くのを期待することにしました。

案の定、盛君は「ふしぎじゃや〜（不思議だな）」と言いながら、ぼくの腕ばかりを見ています。「どうしたの？」と聞くと、「君の腕が金色に光って見える。そして手のひらからは七色の虹のような光が出ているのが見えるんだよ」と答えました。

この頃のぼくは、まだ自分の霊視能力が開花していなかったので、盛君の助言はとても重要な位置を占めていました。ぼくが白い夢の話を聞かせると、「なるほど、だから今日は君の周りに聖霊が見えるんだ」とも言いました。

「手を見せてほしい」と言う盛君に、ぼくは両手のひらを広げて見せました。「おぉ〜!!」と盛君は叫びました。「聖痕ができてるよ〜」と言うのです。ぼくは慌てて、自分の両手のひらをまじまじと見ると、手のひらの真ん中に少し紫がかった丸い形が浮き出ていました。ちなみにイエス・キリストは、はりつけの刑を受けた時、魔力の源がそこにあるとして手のひらに杭を打ち付けられた、とされています。

「君の手は、イエスの手になったんだね、七つの光はこの聖痕から出ているんだ」と盛君は言いました。「盛君、どういうこと？」とぼくが問いかけると、「もしかしたら、君が人に触れることで、その人の心の痛みや身体の痛みを和らげることができるかもしれないよ」と答えました。

そうです、ぼくが今現在も使命と感じて実践しているヒーリング発祥の出来事です。ヒーリングを受けた一般の人が、最中に〝天使が見えた〟と報告する率が高いのもこの話から理解して頂けると思います。

そして、ぼくたちはこの手の力がどんなものか「ふしぎじゃや〜」を連発しながら検証してみることにしました。

一、いつも手が赤みを帯びていて、体温が高く金粉がひじまで出ていた。

二、聖書を信仰している人と握手をすると一時的だが、その人にもうっすらと聖痕が出た。

三、怒っている人や失恋に傷ついている人の胸に手を当てると、心の痛みが和らいだ。

四、重症の人に触れる機会はなかったが、腹痛や頭痛等の部分に手を当てると和らいだ。

五、平少年が霊にとり憑かれる時は、この手を触れると霊をも救い、正気に戻せるようになった。

ある時、腕の痛みを訴えている友だちのひじを見た時、白いもやのようなものが見えたので、両手でそれをつかみ、ゆっくりと手の先の方にずらしていくと、痛みがぼくの手の動きに合わせて移動していき、その白いもやを指の先から抜き取ると同時に痛みが消えた、という信じられない出来事もありました。

残念ながら、ぼくの手のひらに出た聖痕は一週間ほどで消えてしまいましたが、力自体は今もなお進化し続けています。また、この時、良いことをすると「ご褒美」として、天界から砂金が降ってくることが何度かありました。砂金というのは、ぼくたちが勝手に付けた名称です。

砂金が降る様子は目に見えるものではありませんでしたが、本当に頭に砂を掛けられているのと同じ体感がして、とても興奮しました。目に見える形としては、金粉が身体全体に異常発生していました。周りの床も金粉が少しキラキラすることがありました。（念のためですが、本当の金ではありません）

これを読んで〝白い夢〟に興味を持たれた方は、ぜひ試してみてください。ただし、心に少しでも疑いがあると実現されません。天国を信じ、見るまで続けるつもりでやってみてください。

そうすれば、この白い夢の世界が実在することが、きっと分かるはずです。〝白い夢〟を見ることに成功した方は、ぜひご一報ください。

この店主と会って話をしたのはこの日だけでしたが、途中で平少年が霊に憑かれて白目を剝いて倒れ、おかしくなった時にも少しも動じず、救霊をしてくれました。夜遅くまでいろいろなことを話してくれて、とても勉強になったことは感謝しています。

時が経ち、私が東京でユタとして活動するようになってから、この店主に会いたくなり、一人で会いに行ったことがありました。この頃、店主は研究成果が確立されていて、大きなホールなどで講習会を開いたりしていました。店主は、私のことを覚えていてくれましたが、私がユタになったことを聞くと、少し顔色が変わり、よそよそしい態度になってしまいました。そして、あの時のようには話をしてくれませんでした。どうやら、店主はユタという奄美の古い神の観念に抵抗があったようです。

実は、奄美大島には神の子という集落があるほどクリスチャンも多いです。キリスト教徒の人たちの中にはユタの神観念に抵抗を持つ人も少なくありません。聖書的思考の強くなった店主の、私を避けたいという態度に少し寂しい気もしましたが、私は一つの神観念に囚われて盲目になれば、広い世界を見渡すことができなくなる、突き詰めれば神は一つだと思う信念を変えたくないと強く思いました。

神は一つです、宗教も文化も超えて……。神仏に姿を作るのは人の心かもしれません。

この頃、母や親戚から、大和村の、とある教会に、アトピーなどの難病を神の光で治す不思議な力を持つシスターがいると、もっぱらのうわさだと聞いたので、会ってみたかったのですが、この出来事で会う勇気が持てなくなってしまったのは残念でした。

5. 犬に乗った霊

ある日、ぼくの家に三少年が揃っている時の夜中二時頃、外から「ギャー」っとものすごい女性の悲鳴が聞こえました。奄美の夜は時折、車の通る音がするくらいで、外の人の話し声もよく聞こえる静けさの中、ものすごい音量で聞こえました。ぼくはひったくりにでもあったのかと、窓の方に飛び出し、声のした方を探しました。すると、二人が「突然どうしたの?」と聞くので、「今のすごい悲鳴はどこだろう」と言うと、二人は顔を合わせて、何も聞こえてないと言います。そして二人はおまえの霊感が開いたのかもしれないと言うのです。

「ぼくにはそんな霊感はないよ」と言うと「おまえも俺らと一緒なんだよ、視えているはずなんだよ」という答えが返ってきました。今からぼくの霊感を検証してみよう、その声の主を霊視してみようということになりました。三人で背中合わせとなり、紙と鉛筆を持ってイメージを書くことになりました。ぼくは自分の想像で、二十歳ぐらいの白いワンピースを着た髪の毛が長い女性を描きました。そして、皆が書き終わって一斉に絵を見せ合うと、なんと三人の絵がほとんど一致していました。一番びっくりしたのはもちろん、ぼくです。これまで自分の想像だと思っていた感覚の中に、本物の霊視が含まれていたということが分かりました。

「シッ！」。盛君が突然、焦った顔でぼくたちに言いました。「意識を消せ、女の霊に気付かれるな！」「えっ」。ぼくたちが言う間もなく「し、しまった、霊に気付かれた、こっちに来る！」。ぼくは自分の想像を消したくても消えなくて、消そうとすればするほど、想像がリアルになってきました。家から自転車で十分ぐらいの所にある船着場の海から、長い髪の女が這い上がってきます。身体からポタポタと水が滴り落ちる裸足の女性は、顔を上げてこっちの方向を見ました。そして、ヒタヒタと裸足の足をこちらに向けて歩いてきます。

「ま、まずい、完全に気付かれた、こっちに向かってくる」。盛君が慌てています。意識のコントロールのできないぼくらは声を潜め、耳をふさぐしかありませんでした。「うわっ、いま、家の下まで来た！」。ぼくの家はビルの二階です。「階段を上ってくるぞ」と背中がゾワッとして鳥肌が立っています。「いま窓の向こうに立ってる」。遂に二階の廊下側に面しているぼくの部屋の窓の外に立ちました。「し、しまった、窓の鍵を掛けていない」。ぼくは思わずそんなことに気が付いてしまいました。

もう、追い詰められて意識を消せないぼくたちはどこへ逃げてもダメだと思いました。それなら、開き直って戦うしかないと思い、ぼくは勇気を振り絞って、窓を開けました！　するとどうでしょう、窓の下に柴犬がいました。こんな夜中にこのタイミングで、犬が迷い込むことなどありえません。つまり、こういうことです。身投げにより自殺したと思われる女性の霊は、犬の身体に乗り移り我々の元にやって来たのです。ぼくたちは敵ではないということを告げて、三人で一心に成仏できるように祈りました。一瞬、犬の顔が笑ったように見え、「クウン」と哀愁漂う声でひと鳴きして、尻尾を振り、振り返りながら、帰って行きました。

奄美には大きな白い蛾が家の中に入ってくると、先祖が蛾に乗って見に来たと考え、家族は静かにありがたく見守られようとする、という言い伝えがあります。人間の霊は、いろんな場面で動物や昆虫等に乗り、メッセージを伝えに来ているのかも知れない、とその時に思いました。

6. 少しずつ開き始める霊能力

高校生の時の霊の探究は、まさしく「ご飯を食べるのも忘れるぐらいに夢中になる」という日々でした。ある時、盛君の家で、盛君の話を夢中で聞いている時でした。ぼくの左の方から突然、お坊さんの顔が「ヌッ」と出てきたのです。それは視線をそこに向けなくとも見える不思議な見え方で、肉眼で見るのと全く同じように見えました。普通の人間と同じくらいの大きさのお顔で肌の血色もよく、柔和な表情をしていました。生まれて初めての体験でした。本当にびっくりした時の見本になるのではというくらい驚きました。言葉で表現すると、まさに、心臓が止まるとか、一瞬凍るといった言葉になります。

次に起こったのは、ぼくの家での出来事です。ぼくの手作りのキリスト祭壇の前で、皆でトランプをしていた時のことです。皆の中央の、トランプが置かれている所に、ロウソクの火のような優しいほのかな光の細い線が現れました。暗い部屋の穴から外の太陽の光が漏れるような感じです。それが電気をつけた明るい部屋に現れました。目をパチパチしたりこすったり、それをつかもうとしてみても、その光は消えることなく、肉眼でハッキリ見えていました。

ぼく以外には見えないようでした。その光をたどると、なんと祭壇のキリスト像の右の手のひらから出ていました。しかも銅でできているはずの人形の手が上下に動いているのです。これも肉眼でリアルに見えるのです。驚いたぼくは周りの人に話しても、そのようには見えないと言います。平少年が友だちといる時にテレビが浮かんでいくのを肉眼で見た体験をしたと言っていましたが、まさに同じような現象がぼくにも起こったのです。

三、「ふしぎじゃや〜」

1. 超能力と霊能力は違うのか？

ある時、超能力のある少年の話を聞きました、ぼくはそれが霊能力の一種なのかをどうしても知りたくて、仲介のできる人に頼みました。運良くぼくの霊能力に興味があるとのことで、会ってもらえることになりました。霊感で家を視てほしいと招かれて行った時、トイレ手前の窓の外に女性の霊を感じ、その特徴を伝えたところ、彼は自分の母親かもしれないと言っていました。超能力少年も、その場所は何かあると感じていたそうで、深く頷《うなず》きながらぼくの話を聞き入っていました。ぼくは自分の霊感で分かる範囲のことを伝えました。

今度は超能力少年が自分の話を始めました。話によると、ある時、本土からマジシャンのような人が来て超能力ショーをして「さあ、みんなでスプーンを曲げましょう」ということをやっていたそうです。ショーが終わった後、超能力少年はショーを見せていた男性から

「話をしたい」と呼ばれました。その男性は「自分は某秘密機関の者で派遣されてきた。超能力者の卵を見つけて養成をしている。君は素質がある。教育するから協力してほしい」と言ったそうです。また、「私は超能力者養成の鹿児島担当をしている」とも言ったそうです。奄美にはあと二人、養成のプログラムを受けることになった少年がいたそうです。

超能力者養成のためいろいろなことを教える人が奄美に住み込み、少年たちを教育しました。養成機関のプログラムが終わった後、彼を紹介してくれた知り合いに超能力少年が見せた技のことを聞きました。糸に五円玉を通し、力をかけるとそれが消えたそうです。また、映画館でガムを噛んでいた時のことです。「今からこのガムを瞬間移動させる」と超能力少年が言いました。そうしたら、前の座席の人のパーカーが揺れました。少年は「失敗した、あそこに入った」と言ったそうです。

超能力少年の手の甲は、片手に一つまみ程度のくぼんだ個所があり、もう片方の手の甲には、それと対照的に同じ大きさぐらいの盛り上がった個所がありました。ぼくが手を見せてもらったら、そうなっていました。テレポーテーション（瞬間移動）の練習をしていた時、誤って皮膚を飛ばした、ということです。「エネルギーのかけ方を間違えたので、これはもう治らない」と彼は言っていました。

彼はとても器用な人で、自分の家の部屋の押し入れを改造して屋根裏に上れる階段を作り、屋根裏部屋も作っていました。高校生くらいの頃に、そんなことまでしてしまったのです。また、楽器も何でも演奏できて、ギター、ベース、キーボードも弾けました。また、彼は自作のプロモーション・ビデオを作ったりしていました。夜、一人でトンネルの中で作詞作曲した音楽に合わせて撮影したというものを見せてもらいました。とても完成度の高い作品でした。

彼はまた、UFOによく追いかけられると言っていました。ある時から、UFOからのテレパシーのようなものが送られてくるようになり、それを意識すると追っかけてくるようになったというのです。なので、常にテレパシーをキャッチしないように意識を隠している、とも言っていました。そしてUFOのビデオ映像をたくさん撮っていました。何本か見せてもらった中で、とても興味深いものがありました。ノーカットの映像です。まず彼の家の玄関のところが映り、かすかに〈ブーン〉とモーター音が聞こえます。彼はUFOに見つからないように木の茂みに移動して、そこからカメラのアングルが空に向かった時に、かなり近い距離でUFOが二機、映っていました。彼の力が霊感と関係するのかを知りたくて、たくさんインタビューしましたが、霊感とは別の能力だと分かりました。

ある時期から、彼はそういった話をしなくなりました。話が超能力の方に向きそうになると、遮るようになったのです。秘密とされていた某機関による超能力者養成やUFOのことは、今となっては確認する術《すべ》がありません。ただ、今思うと奄美は特殊な人が生まれやすい特別なパワーを持っている島なんだと感じました。

2. 本土からやって来た不思議な神の子たち

ぼくの四歳上の姉の不思議な体験のお話をします。姉が高校一年生、十六歳の時の出来事です。姉は幼稚園がカトリック系だったこともあり聖書が大好きでした。

姉が名瀬の街を歩いていると、見かけない顔の四人ぐらいの家族のような人たちが布教活動して歩いていました。笑顔で話しかけられ、受け取ったチラシには聖書系のイラスト等が書かれていて、姉はすぐに打ち解けたそうです。その人たちが本土に帰った後も、文通をしていたそうです。

文通をしていたファミリーの一人が、また姉に逢いたくて、神様にお祈りをしたそうです。すると神様から「いついつに船着場に行きなさい」とメッセージがあり、その通りにそこに行くと、見ず知らずのご婦人が声をかけてきて、船に乗るはずの者が乗れなくなったからと奄美行きの切符をくれたそうです。そして奄美に到着すると、また別の婦人が話しかけて来て、泊まる所や食べ物の世話をしてくれ、神様の指示を仰ぎながら本土のホームから、何と、無一文で姉に会うために奄美に来て、また帰って行ったというのです。

その団体の話をします。某ファミリーという小規模な宗教団体で、発祥の地は海外のようでした。ホームと呼ばれる家で、皆で共同生活をしながら、布教活動をしているとのことです。お祈りをする時は皆で手をつないで輪を作り、父なる神にお祈りをするそうです。そうすると、低い声で父なる神から言葉が聞こえて、その指示で活動しているということでした。

毎日の生活に必要な物は神が与えてくれるものとされ、例えば洗濯機が必要になると、偶然捨てられているものを見つけたり、またはもらったりし、チラシ作り等に必要な資金はそれぞれが必要な時だけ単発でアルバイトをしながら布教活動中心に生活をしているとのことでした。

姉は高校を卒業後、上京した時に、ホームに遊びに行って彼らの生活を見てきたそうです。生活用品は全て揃っていて、普通の生活ができていたということでした。彼らの賛美歌はオリジナルの楽しい曲ばかりで、ギターを弾きながら皆で楽しくワイワイ歌うスタイルでした。

彼らの賛美歌を録音したテープを姉から借りて、盛君と聞いていた時、カセットレコーダーのスピーカーの方をじっと見つめていた盛君が、首を振りながら「ふしぎじゃや〜」を連発していたので聞いてみると、「歌が始まるとスピーカーから、小さい聖霊たちがたくさん出てくるのが見える」と言うのです。カセットレコーダーに生演奏を直接録音した様子で、決してプロのように洗練されているわけではないのですが、ギターを弾きながら神様を讃《たた》える内容のその歌は、不思議と不安や悲しみを喜びに変えるような、そんな力を感じる歌でした。

私も成人して上京した頃、原宿の歩行者天国で、偶然、そのファミリーらしい外国人の家族風の方たちを見かけ、チラシをもらいました。チラシのイラストや内容から、そのファミリーだと分かりました。しかし、その頃の私は自分の道がユタへの道であることを感じ始めていたので、それ以上、話しかけたりする気持ちにはなりませんでした。

インターネットの時代になった今、ネットで検索してみましたが、それらしい団体を見つけることはできませんでした。あの実在した不思議な神の子たちは今もどこかで神の声を聞き生活をしているのでしょうか……。

3．手に文字が浮き出る中学生の少女

ある日の夕暮れ、いつものようにぼくの家に三少年が集まっている所に、一人の中学生の

少女が息を切らして駆けつけてきました。「お願いです、私の友だちを助けてください！」と言いながら。「どこで聞いたのだろうか、ぼくたちのことを……」。その時、ぼくたちはそう思いました。

「私の親友が何かに呪われて苦しんでるんです」。彼女の表情を見て、只事《ただごと》でないことは十分に理解できました。「なにが起こっているの？」とぼくが言うと、「友だちの手に文字が浮かんでくるんです」と彼女は言いました。平少年の身体にも文字が浮き出ることがあったので、三少年は誰も彼女の言うことを疑いませんでした。

「その子は、今どこにいるの？」とぼくたちが言うと、彼女は「会ってくれますか？」と言いました。「もちろん」と三少年は声を揃えて、大歓迎の意を表しました。ぼくの部屋は二階にあり、問題の子を下に待たせてあるというので、ぼくたちはその子を待ちました。連れてこられたその子は、色の白い、一見、普通の少女に見えました。早速、手のひらを見せてもらいました。その手のひらを見た瞬間のぼくたちの第一声は、「ふしぎじゃや～」でした。

確かに、水ぶくれのような感じで、手のひらいっぱいにカタカナで一文字が浮かんでいました。その文字は〝ケ〟となっていました。平少年はその手を見て、自分の苦しかった時のことを思い出したのか、少し涙ぐんでいました。

「事情を説明してくれるかい」とぼくたちがうながすと、「はい」と少女は何かに怯えるように、か細い声で話し始めました。少女は「最初は家の中で物音がしたり、物が動いたり、という不思議なことが起きて、気にしないようにしてたら、金縛りが始まりました」。「親に話しても信じてくれず、ひたすら耐えていたら、今度は右手が熱湯をかけられたように熱くなり、手のひらを見ると、文字が浮き出ていました」といった話をしました。文字は一昨日から始まって、今日が三日目の三文字目だということでした。さすがに耐えられなくて友だちに相談し、今日ここに来たということでした。

「これは何かを伝えようとしていると思うよ、他の文字はどんな文字だった?」とぼくが尋ねると、少女は「昨日は〝ス〟で、その前は〝タ〟という文字でした」と言いました。話を黙って聞いていた三少年の頭の中に、ある一つの言葉が浮かんでいました……。「ふしぎじゃや〜」です。三人で話し、その原因の元は、その子の家にあるのではないか、ということで翌日その子の家に行くことにしました。

次の日、その子の家へ三人で行きました。家の中に入ると、息が苦しくなるような、どんよりとした空気圧のようなものを感じました。その子の親も、さすがに娘の手の文字には驚き、ぼくたちを呼ぶことを承諾し、ぼくたちの到着を待っていました。

「今日は、わざわざ来ていただいてありがとうございます、娘を助けてください」と、やせ細って体調の悪そうな父親が、心配そうな瞳で頭を下げました。

「あ、あのぅ、今日もまた違う文字が浮かんでいるんです」と言う少女の手のひらを見ると〝テ〟という文字になっていました。これを見て、メッセージの意味がやっと分かったのです。つまり、今まで出た文字を最初からつなげると、「タ・ス・ケ・テ」になるのです。

そして、ぼくたち三少年の霊視が始まりました……。平少年は、両手を目と目の間に持ってきて、少しうつむき加減で空間をにらみつける〝恐怖の白目霊視〟スタイル。盛少年は、仏像のように座禅で印をくみ〝静かな半眼〟のスタイルで。ぼくは天を見上げ、〝指と指を組み〟祈りを捧げるような格好のスタイルをとります。

しばらくして、ぼくたちの霊視の結果をまとめると〝古い刀〟というのが一致しました。

「この家にある古い刀が助けてほしいと訴えているようです」とぼくが言うと、すぐに少女は父親の方を見ました。父親はしばらくうつむきながら考え込み、「心当たりがないですね」と言いました。

すると少女が突然、フラッと立ち上がり、何かに操られるように、家の敷地内にある蔵の方に歩いていき、そこで立ち止まり、不気味に指を差したまま硬直しました。「お父さん、あそこは何ですか?」と尋ねると、父親は、何がなんだか分からないような様子で、たじろぎながら「え、えっとぉ、先祖代々の物が納められていると話は聞いていますが、開けたことはないので……」と言いました。

「あそこの中に、必ず古い刀があるはずです、捜してください」とぼくたちは言い、皆で蔵の中を捜すと、奥の奥に粗末に置かれた〝古い日本刀〟がありました。それを大事に取り上げ、磨きをかけて床の間の一番いい場所に飾りました。

数日後、少女と親友がぼくたち三少年の元にやって来ました。「見てください、この手を」と少女は喜びに満ち溢れ、目をキラキラさせて手をいっぱいに広げてぼくたちに見せました。「おぉ!! きれいになっている」とぼくたち三人も喜びました。あれから様々な怪奇現象もピタリと止まり、おまけに酒を飲んで暴れていた父親が、人が変わったようにお酒を飲まなくなったそうです。それに、とても優しくなって、少女に起こった現象を疑っていたことを謝ってくれたそうです。

黙って話を聞いていたぼくたち三少年が、またあの言葉を言おうとした瞬間、彼女たちが突然「ふしぎじゃや〜」と声を揃えて言いました!

そして、中学生の女の子たちらしくキャーキャー言いながら帰って行きました。しかし、「ぼくたちの口癖をまねされるとは、よっぽど無意識に連発していたらしい」と思ったものでした。とにかく、無事に解決できて本当に良かったと思う三少年でした。

侍の魂とでもいうべき日本刀にまつわる怪奇現象はたくさんあります。有名なのは江戸幕府の将軍家、徳川家に祟《たた》るといわれている村正《むらまさ》です。また、これは一部の人たちの間で囁《ささや》かれているうわさですが、上野の東京国立博物館の国宝級の名刀に黒い影が渦巻くのが見える、というのです。この刀は切れ味が鋭く、多くの血を吸ったから、とまことしやかに語られています。

とにかく、昔の人たちは刀にいろいろな思いや祈りを込めてお祭りしていたんだろうと思います。今回の事件は、その刀に守られてきた先祖が、一族を守る大事な刀を粗末にしないでほしいと訴えてきたのだと思います。そうしないと自分自身が安心してあの世に行けないから苦しい、「たすけて」と、一家の中で最も霊的に感じやすい少女を通じで呼びかけたのではないでしょうか。

この本をお読みのあなたの家にも、誰も知らない場所に〝古い刀〟があるかもしれませんよ。もし、手に文字が浮き出たら捜してみてください。

4．クリスチャン少女の変貌

ぼくの家に三少年が集まっている時に、またしても中学生の女の子が訪ねてきました。
「私の幼なじみを助けてください」

話を聞くと、ある日突然、クリスチャンで優等生だった幼なじみが見る影もなく別人のようになって家で暴れるようになってしまったというのです。幼なじみのお母さんから相談を受けていて、ぼくたちのうわさを耳にしたので来たということでした。

「幼なじみは部屋に引きこもっているので、一緒に家に来てくれませんか？」

「もちろん！」。ぼくたちはすぐに行くことにしました。自転車に乗って川沿いを走り、その家に向かいました。二階建ての大きなお宅から、ロザリオを首に下げた、とても上品なお母さんが出てきました。お母さんは肩を落とし、げっそりとやつれた様子でした。

「わざわざ来てくださってありがとうございます。この家は代々クリスチャンで、私は子供に恵まれず、娘とその兄を養子に迎えて育てています」

「今、私には娘にどうしてあげればいいのか全く分かりません、解決の糸口が見えないのです。私が本当の母でないから強く怒れないせいなのか、愛情が足りないのか……」

母親の、我慢していた涙がこぼれてきました。

「た、たすけて……。たすけてください、かけがえのない私の娘なんです、なんでもしますから、どうか、どうか、たすけてください」

ぼくたち三人は顔を見合わせ、拳を握り締めました！

恐る恐る、階段を二階に上がって彼女の部屋の扉を開けました。その光景を見た時、息を飲んでしまいました。

八畳ほどの広い部屋、壁中にスプレーで〝死ね〟〝殺す〟等、恐ろしい言葉が書かれています。祭壇のキリスト像は壊され、部屋の窓も割られて、バットが転がっていました。部屋の隅に捕らわれた猫のようにうずくまり、無表情の彼女がいました。

その姿もまた、凄まじいものでした。髪の毛は金色に染めあげられ、悪魔のようなメイク、制服の丈は短くスカートは長い、当時流行したスケバンの格好をしていました。ただ、純粋な幼い目をしていました。ぼくたちを見て、誰この人たちは？　という表情で、友だちの方に目線を移しました。

「今うわさの悪魔退治の三少年よ、あなたを助けに来たのよ」と友だちが促しました。

「ぼくたちはどんな話を聞いても驚かないから、怖がらないで起こっていることを全部教えてほしい」と彼女に言いました。

話の内容はこうです。

ある日の夜、午前二時頃、部屋の外から窓をガチャガチャと叩く音がして、目が覚めました。泥棒かと思い恐る恐る窓の方を見ると、数十本の血だらけの腕がぶら下がっているのが見えました。私の悲鳴に気が付いた母親が部屋に来てくれましたが、母親には何も見えないと言うのです。その日から毎日、毎日、同じ時間になると腕が現れるようになったのです。

布団にくるまってロザリオを握り締め、祈っても祈っても消えてくれません。

だんだんと「キリスト様は私を守ってくれない、本当の親と同じように、私は見捨てられたんだ」という感情がふつふつと湧いてきて、なにか神経の糸が切れたようになり、私の中の憎悪が溢れてきたのです。「全てぶっ壊せばいい、部屋も、神も、自分も」。そんな気持ちにブレーキがかけられなくなってしまったというのです。

平少年は話を聞きながら、自分も幼い時に消息を絶ってしまった母親のことを思い、涙ぐんでいました。

ぼくたちは夜中の様子を見るために、その部屋にまた集合することになりました。三少年それぞれが内緒で家を抜け出して、彼女の家に集まりました。そして皆、静かに息を潜めるように横になっていると、彼女の寝息が聞こえ始めました。それと同じ頃、ぼくたちもいつしか寝てしまいました。

すると、平少年がぼくを起こしてきました。「彼女の様子がおかしい。寝ているぼくのそばに来て無表情のまま、ものすごい力で腕をつかんだり、押したり、まるで動物にいたずらする子供のようなことをするんだ」

ぼくが、彼女の方を見ると静かに寝息をたてて寝ています。近づいて顔を見てみても目をしっかり閉じていて、寝ているようにしか見えません。しばらく彼女の近くで目を開けるかどうか見ていることにしましたが、またしてもぼくはウトウトと眠ってしまいました。急に、ドンと押されたので目を覚まして彼女を見ると、かなり接近していて、目をハッキリと開けたまま、ぼくの腕をすごい力でつかんだりしてきます。ぼくにはその時の彼女は男に思えました。

ぼくが彼女の名前を呼んでも全く反応せず、無表情のままその行動を繰り返しました。部屋の電気をつけたとたん、彼女はバタンと眠り、もう一度起こすと普通の表情に戻っていました。

「今の出来事、覚えてる?」。彼女に聞くと、寝ていて何も覚えていない、と言います。

「ふしぎじゃや〜」。またしても同時に、その言葉が出る三少年でした。

そして、三少年はそれぞれの能力、平少年は白目霊視、盛君は印を組み瞑想、ぼくは天に向かって祈るスタイルで霊査を始め、やがて三人の考えがまとまりました。

「この土地には過去の悲惨な歴史があり、お侍さんの時代に生き埋めにされた人たちの魂がさまよっている」

そして、浄霊担当はぼくなので、神様に愛を込めて祈りました。いつものように天から光が降り注いで来て、さまよえる霊たちが光の中に昇って行くのが見え、今回の一件は解決となりました。

その日から、夜中の出来事はピタリと起こらなくなったそうです。彼女もスケバンの姿から元の優等生クリスチャンの姿に戻りました。外に出られるようになった彼女は、近所の方々からたくさん声をかけられて、「お母さんが心配してたのよ」「お母さん何度も教会にいったり、なりふり構わずあなたのことで走り回ってたのよ～」と教えられたそうです。

「お母さんが……お母さんはね……お母さん……」

彼女は気が付きました。「私は愛されている、私は守られている。そう、お母さんに。私の本当のお母さんはこの人だ、ごめんね、お母さん。きっと私の感謝の心が足りないことから起こった罰なのよ、神様こんな素敵なお母さんを、ありがとう」

それから、彼女には双子の兄がいることを聞かされたそうです。自分に血のつながった兄がいる、会いたくて、会ってこれまでのことをいっぱい話したくて、捜したけれど、残念ながら見つからなかったそうです。

実はこの時、ぼくの胸の中にまだスッキリとしていないものが残っていました。土地の霊たちは天に昇らせることができました。でも眠っていたその霊たちを起こして彼女に向かわせた大きな存在を感じました。しかし、その時のぼくたち三少年の能力では、そこまで突き止めることはできませんでした。

それから、三十年が経って、奄美で当時の彼女をよく知る女性と偶然に再会することがあり、その後の彼女の話を聞くことができました。何事もなく平穏無事に高校を卒業した彼女は島を離れて本土に就職したそうです。何年か経って島に戻ってきて、少しの間、実家にいたそうです。その頃のある夜、当時付き合っていた彼氏から女性に電話があって、「彼女がおかしくなった。寝そべったままエビのように身体をジャンプさせて暴れている。どうすればよいか」ということでした。女性は動揺する彼氏に、とりあえず救急車を呼ぶように伝えました。病院に運ばれ、寝かされた後、彼女はケロッと元に戻っていて、異常がないと言われ、帰されたそうです。

高校生の当時のぼく（円）は聖書一筋で、ユタの神懸りや、ユタになっていく過程のことはよく理解していなかったので分かりませんでしたが、彼女の症状はまさにユタの神懸りだと思います。いま彼女に会えるなら、本当の解決の道を示してあげられると思います。しかし、ユタの世界は奥深く、まだまだ謎が多いと感じる一件でした。

四、身体に異変⁉

1．指導霊が現れる

私の身体にも平少年のように金粉が現れるようになりました。そんな話を盛君にした時に、彼は空気中に金の成分があってそれが物質化しているのかもしれない、大昔に錬金術師という人たちがいて不思議な力で金をつくり出したという伝説がある、という話を聞かせてくれました。そんな時にぼくの頭の上に砂金が降ってきました、目には見えませんが実際の体感と全く同じです。盛君にこれは何かと尋ねてみると、天からのご褒美の砂金だと教えてくれました。ぼくの修行が順調に行っていることを神様は喜んでいる、その祝福のために頭上に金の砂を降らしてくれたんだと言いました。それが金粉になるのかもしれないとぼくは思いました。

盛君に、最近起こっているぼくの身体の変化についても聞いてみました。まず、頭の天辺《てっぺん》や眉間、喉、胸、へその辺りが、急に温かくなったり、何かで押されるような圧迫を受ける感覚が起きるようになりました。特に額は円形、菱形、楕円形など、時折、変化した圧迫を受けるのです。それについて盛君は、ヨガの考え方のチャクラ、まさにそれだ、と教えてくれました。チャクラは動いているそうです。

そして遂に、私の元に指導霊が現れ始めたのです。白い服に白ひげ、右手には杖を持った、見るからに仙人の姿の方がいつも私の近くに視えるようになりました。私は聖書を信じていましたので、モーゼが来てくれたと思っていました。

気が付くと私の頭には輪っかのようなものが巻かれていました。ある時はそれがものすごく締め付けられ痛かったです。まるで孫悟空の輪っかみたいだと思い、もしかしたらこれが孫悟空の話に出てくる輪っかのモデルではないかと思ったりしました。それから、人と神様のこととか霊的な話をしていると、仙人が杖を振って右肩にカミナリのようなものすごい電気ショックを与えてきたり、杖の先の細いところで頭を「コッ」とつついてきたりしました。

これが人と話をしている時に、なんの前触れもなくやってくるので、思わず声を上げてしまうのです。電気ショックなどは肩が落ちるんではないかと思うくらいのものすごい衝撃ですし、頭をつつかれるのも身体がよじれてしまうほどの痛みで、その度に、相手にびっくりされました。私は仙人のことを話せる相手を選んでいたので大丈夫でした。しかし、そういったことを知らない人からは、頭がおかしくなったと思われたかもしれません。

仙人がそんなことをしたのには理由がありました。後から分かったのですが、私が霊界の話を間違って語ったり、話してはいけないことを話したりしたら、それはだめだ、という忠告だったようです。しかし、指導霊様も容赦しないものだ、と思いました。

2. 降霊実験会

盛君の最も得意としていた降霊術では、死者でも、生きている人の生霊でも、身体に降ろすことができました。盛君は座禅を組み霊を呼ぶ、すると首や手がブルブルと震えだし、まるで踊りを踊るように天を仰ぎだす。うまく身体に降りると静かになり、表情や動きが変わる。時にはしゃべりだし会話もできました。

私の探究心に火が付き、あらゆる霊を呼ぶリクエストをしました。彼も私の溢れてくるアイデアに関心を示し、自分の興味もあってほとんど応えてくれました。好きなアイドルや学校のマドンナの生霊を呼ぶ試みをしては、これは恋愛相談に使えるかもしれないと語り合いました。当時はブルース・リーのブームからジャッキー・チェンへ移行したばかりの時でした。ジャッキーが映画で見せる動物の動きを真似たカンフーは、もしかしたら人間にそれを教えた動物の精霊がいるのではないかと、いろんな動物を呼んではカンフーの型を披露してもらいました。虎拳、龍拳、猿拳など本物のカンフーのような動きを見せてくれて、攻撃するまねをすると防御して見せたりすることもありました。

そんなことができるなら、過去のオリンピック選手を呼んだら大会に出られるんではないかという話になりました。しかし結局、動きはできても、肉体がついていけないという結論に至りました。神仏においては、大仏様、千手観音、火の神、イエス・キリスト、ミカエル大天使等、その時興味があったり信仰しているものとのコンタクトを試みました。私も降霊術のやり方を習いました、これはすぐにできるようになりました。まずは首が動き腕が動き出したら、鉛筆などを持って自動書記と呼ばれる技で、霊に文字を書いてもらったり、似顔絵を描いてもらう練習から始めました。

その内に全身が動くようになり、言葉も話すようになりました。私もカンフー体験ができたり、神仏を呼ぶこともできるようになりました。医療の神様を呼んだ時には、盛君に対して、マッサージ師のようなことをしだしたのはとても面白かったです。この頃から私の指導霊の仙人が身体に入って来て、私の口を通して、私の修行に対して怒ったり、注文をつけたりと、言葉は少ないのですが、直接指導してくれるようになりました。

私の兄と姉にもやり方を教えると、わりとすぐにできるようになりました。姉は怖がって、少し身体が動いたところでやめて、それ以上はやりませんでした。兄は元々、仏教が好きでしたので夢中になりました。仏教系の仏を呼んだときには印を結んだりと、いろんな難しい指の形を見せてくれました。また、ピアノの弾けない兄が姉のピアノの前に座り、ジョン・レノンを呼びました、すると、なんとなく美しいメロディーを弾き、ジョン・レノンの新曲だと興奮しました。その次にベートーベンを呼んだりショパンを呼んだりして、霊界からのメロディーを探究しました。このことから、名曲は天から降りて来ているものもあるのではと思わずにはいられませんでした。

こんなこともありました、兄と奄美で一番の海水浴場の大浜海岸で泳いでいる時です。何を思ったか、兄が突然、龍神泳ぎを見せてやると言い出し、龍神を呼び、蛇のような泳ぎをして見せたことがあります。それを見たぼくは大笑いしてしまいましたが、内心、溺れたらどうするんだろう、とハラハラしたのをよく覚えています。

降霊術がとても楽しくて、たくさんの霊を降霊し過ぎたせいか、ある時、意識が半分ぐらいの状態でふわふわしたまま元に戻らなくなりました。友だちに名前を呼ばれても反応せず、肩を叩かれてやっと振り返る有様で、その振り返り方もゆっくりと身体ごと振り返るという気味の悪さでした。突然、目の前が真っ暗になり、通常なら目を閉じてもテレビの砂嵐のように少し明るさを感じるのに、まるで意識のカーテンが締まるかのように、黒以外に何もなくなりました。身体の力が抜け真っすぐに倒れ、倒れながら顔をピアノの角にぶつけているのに何も感じませんでした。今考えると、呼んだ霊が戻っていなくて、そのまま取り憑かれ、霊障の状態が出ていたのだと思います。

3. 招かざる客

ぼくと盛君の降霊会に平少年が初参加した時です。平少年が俺もやりたいと、座禅を組んで神様を呼んだはずが、呼んでもいないボス級のサタンが来てしまいました。平少年はしばらくうな垂れるように下を向いたまま、「グルル〜、グルル〜」と低い唸り声を上げ始めました。ゆっくりと顔を上げた平少年の白目はまるで光っているようにさえ感じる恐ろしいものでした。

「うわっ、く、臭い、動物の腐った臭いがする」。鼻を押さえた盛君の表情もこわばっていました。猫と犬が混ざり、肋骨が少し見え、とても汚い姿のサタンが見えたのです。平少年は名前を呼んでも全く反応せず、ゆっくりと動き始め、まるで猫のように手を舐めて顔を洗うような動作を繰り返しました。そしてぼくの部屋なのに、畳の上に唾を吐いたりしました。

次に、四つん這いで歩き出し、ピアノの上に飛び乗って、高いところから、ぼくたちを威《い》嚇《かく》しているようでした。盛君はなんとかサタンを追い払うために、座禅を組み般若心経を唱えだしました。すると、サタンはそれを見て少し首をかしげ、鼻をヒクヒクさせて、自分に敵意を持っていることを悟ったかのように、ピアノから飛び降り、般若心経を唱える盛君の周りを鼻をヒクヒクさせながらゆっくりと周り、正面に来た時に手を高く上げて、猫のように盛君の左の頬を殴り倒しました。一発で倒れ、頬からは血が流れ、爪の跡がついていました。

ぼくは恐怖で頭の中が真っ白になり、なぜか部屋の窓などの鍵を全部締めていました。親に見つかったらどうしよう、警察に助けを呼ぶべきか、救急車を呼ぶべきか。頭の中にいろんなことがくるくる回っていました。サタンは今度はぼくの方を向き、ゆっくりと近づいてきました。ぼくは殺されるのかもしれない、そうじゃなくても血だらけにさせられると思い、足がガクガク震え動けない状態にまでなりました。

そこで、サタンと戦う技もなければ知識もないぼくは、祈るしかないと思いました。「聖書の中の神様は全ての頂点のはずだ、信じる者は救われる、イエス・キリストがしたように、悪にも愛を持って父なる神にこの者の罪を許してくださいと祈るのだ。そうだ、サタンも元々は愛から生まれた天使だ、好きでサタンになったわけではない、愛すべき存在なんだ。愛する、愛が全てだ」と天に向かって祈ると、ぼくの内側からサタンに対する愛情が溢れてきて、それと同時に天からものすごい光が降りてきました。

サタンは少し目をすぼめて首をひねり、ぼくの顔を息がかかるほどの近くでのぞき込み、そして盛君にしたように、ぼくを殴るために右手を天高く振りかざしました。三本の爪がぼくに殴りかかってきましたが、ギリギリのところで目に見えない壁にコツンとあたったように、ぼくの顔に触れることができません。何度かそれを試すのですが、ぼくの身体に指一本触れることすらできない様子でした。さらに天から降りてきた光がぼくの中に入り、ぼく自身の身体から光を放ち始めると、今度はサタンがブルブルと身体を小さくして怯えだしました。ぼくはサタンに憑依《ひょうい》された平少年の身体を、まるで母親が子供にするように抱きしめました。するとたくさんの天使が周りに見えて、サタンは光に包まれて天使と共に天に昇って行くのが見えました。

平少年は気を失いドタっと倒れました。息をしているものの、元々、白い肌が血の気が引いて青くなっていました。そして頬を触ると冷たいのです。ぼくと盛君は必死で、身体を揺り動かしたり、名前を呼び続けました。どれくらいの時間がたったのか、平少年は突然「ゴホッゴホッ」とむせだし、目を開け、涙が滲んできました。ぼくと盛君は顔を見合わせて、それぞれがホッとした表情を見せました。平少年は大きな目をパチパチさせて少し放心状態でしたが、頬は赤みを取り戻し始め、やがて身体を起こし始めました。

「今度ばかりは自分の肉体に戻れないんじゃないかと思った。俺はイザナギ・イザナミの二神の間に抱えられ、あそこの隅からずっと様子を見ていた」と、平少年は倒れていた背中側の上の方を指さしました。背中に目でもなければ絶対に分かるはずがないぼくたち二人の行動を的確に話しました。身体から抜けて幽体の状態で上から見ていたという話は全て真実でした。これも神様は何かを学ばせるためにやっていることなのだろうか。考えても分からないことだらけだけど。この一件で、ぼくたちは降霊実験会をやらなくなりました。

4. ユタのハンジ

サタンにとり憑かれた平少年を神の愛の力で解決できたことは、聖書をこよなく愛するぼくにとってはとても大きな喜びでした。その出来事をぼくの聖書の家庭教師的な御夫婦に伝えずにはいられませんでした。いつもの時間に夫婦が来ました、ぼくは一連の話をして共に喜びを分かち合えるものだと思っていましたが、話をしている間、御夫婦は顔がこわばってきて、相づちを入れることもなく話が終わったあと、御夫婦からこんな言葉を投げかけられました。「君はサタンに魂を奪われてしまった、もう教会にも来ないでくれ」

一瞬、何を言っているのかも分からないくらいのショックでした。この御夫婦は世界最高の神様を崇拝しているから怖いものなどないはずなのに、ぼくを導いてくれるどころか、明らかに怯えて逃げて行ったのです。こんなにも弱い信心だったんだ、なんのために聖書を学んでいたのだろう、ただ世間からも逃げて、本当の意味で信じていない聖書という隠れ蓑《みの》を身に纏《まと》っていただけではなかったのか、とさえ思えました。そして、心の暗闇の中から、この御夫婦と聖書に支えられて教会に通った日々を思い出して、一人残された部屋で涙が溢れてきました。「ぼくはこの御夫婦から、そして教会から捨てられてしまった。降霊会など危険なことばかりしていたから、神様からも見捨てられたのか」と思ってしまいました。そのことで落ち込んでいるぼくを見かねた平少年が、自分がお世話になっているユタ神様の所へハンジ（＝判示・判断）をしてもらいに行こうと誘ってくれ、行くことにしました。

そのユタ神様の家は二軒隣でした。当時の奄美では中堅クラスではありましたが、年に一度、新聞に載るような、子神（ユタ神様見習い）二十数人を率いる大きな祭りをしていました。その頃、だんだん知名度が高くなり、頭角をあらわし始めていました。

そのユタ神様のお宅に行くと、ニコニコした奥さん（ユタ神様）に迎えられて、「平君よく来たね、あら？　あんたはそこの円さんのとこの子だね」と、まるで親戚の家に遊びにでも来たような感じでした。奥さんは旦那であるユタ神様のことを、ぼくたちには「おじちゃん」と言っていました。「はいはい、上がってね。おじちゃんも二階にいるから、顔見せておいで」。平君も随分と可愛がられているような感じを受けました。

ぼくたちは二階に上がりました。八畳ほどの部屋に大きな神棚があり、壁いっぱいに神様の絵が描かれていました。白い着物に白い鉢巻をしたおじちゃんが神棚の前に座っていて、まるで孫でも見るかのようにニコニコしていましました。「ホイホイ、平君よく来たね、まずは神様に挨拶からせんにゃね」と、奄美独自の長い線香に火を灯して何やら、歌を歌うように祝詞を唱え始めました。すると平少年は神棚の近くに寄り、バタッとひれ伏した状態でしばらくうつぶせになった後、ゆっくりと立ち上がり、巫女《みこ》舞のような踊りを始めました。目は白目を剝き、いつもの神懸り状態になっていました。祝詞が終わると踊りも終わり、平少年はとても清々《すがすが》しい表情をしていました。

おじちゃんは今度はぼくの方を向き「あんた、そこの円さんの子だね、あんたも神高いね～」と言いました。さっきまで平少年が踊っていた中央に座るように言われたので、交代して中央に正座しました。するとぼくの前に、ススキと榊が置かれて、どっちか取るように言われたので、ぼくは迷いなくススキを手に取りました。「やっぱり、あんたも奄美の神じゃね～」とおじちゃんがボソッと呟きました。

ススキを持っているように言われたので、正座をして両手でススキを胸の前で握り締めました。おじちゃんは、静かに太鼓を叩き始めリズムに合わせるかのように、祝詞を唄い始めました。すると、ぼくが持っているススキが生き物のようにうねりを上げ始めるではありませんか。そして、ぼくの両手は前後に激しく揺れ始めました。「自分の力では止められないほど強いエネルギーの中にいる、これはなんだ」。頭で考える間もないほどに突然、ぼくの身体は立ち上がり、まるで天から目に見えない糸で操られている人形のように踊りだしました。踊り方は違うものの、さっき見た平少年のようでした。

静かに太鼓のリズムは終わりに向かい、祝詞も終わると、ぼくの身体も最初の定位置に戻り、正座をして息を整え始めました。「あんたも神の子じゃねー、テンザシの神の子じゃ」とおじちゃんは言いました。聖書一筋だと思っていたぼくですが、信じられないくらいに素直にその言葉が心に入りました。

平君は神様が待てない状態まできているから、すぐ拝まないと神懸りを止めることはできないということでした。ぼくはまだ待ってもらえる状態だから神様に十年間の延期願をしようということになりました。まだまだ好きなものを食べて身体もつくっていかないとならないし、社会勉強もしないとならないからという理由でした。確かにぼくは東京でシンガーソングライターになりたいという夢もあったので、ありがたいと思いました。

そして後日、親と一緒に伺って正式に延期願をして頂きました。このことをきっかけに、ぼくたちはおじちゃん、おばちゃんに会いにちょくちょく遊びに行くようになりました。一階の客間でお茶やお菓子を頂きながら、時には子神（ユタ神様見習い）を交えて、ユタの世界の話に深く入って行き、たくさんのことを教えて頂きました。

五、ユタ神様としての使命

1. 母親の秘密

ぼくがユタ神様の使命を持った生まれだと知った母は、こんな話を始めました。

「昔の話だけど、私が結婚したばかりの頃、買い物をしていると見知らぬおじいさんが近づいて来て、ニコニコしながら私に左の耳を見せてくれと言ってきたのよ。そして、耳を見せるとそのおじいちゃんはこう言ったの。『ほぅ、あなたの子供の中から大物が現れる』と、それだけ言って人ごみの中に消えて行ったわ。その言葉がずっと気になっていたのだけど、きっとあなたのことを言ったのね。それと、あなたはとても怖がりだったから、ずっと黙っていたけれど、あの頃住んでいた家の側にあった電柱。幼稚園生だったあなたはいつも通るのを怖がっていたでしょう、実はあそこには幽霊がいたのよ。

ある時、夜中の二時頃、外から妙な音が聞こえるので、私は玄関の窓から外を見たの。そしたら電柱に白い服を着た男の幽霊が入って行くのを見たわ、きっとあなたはそれを感じていたのね」

ぼくは思い出しました。その電柱の所だけ、昼でも薄暗く感じて、そこを一人で通る時にはいったん距離を置いて息を整えて、そこを見ないように薄目で走り抜けていたのを。

母は今度は自分の体験を話し始めました。

「戦争で広島に疎開していた時、女子だけの避難場所で息を潜めて寝ていたら、〈ザッ、ザッ〉と大勢の兵隊さんが行列して歩いて来る音がしたの。そうしたら左腕に人の腕が当たってきたので、目を開けて見ると、女子しかいないはずなのに負傷した兵隊さんがいた。私は驚いて『あっちへ行って』とその兵隊さんの腕をつかんで押したら、まるで生きている人と同じ感触がした。そんなことが度々あって自分は死んだ人が見えるんだと分かった。

それからは毎日のように寝ている時に霊が訪ねてくるようになったのよ。結婚してからは寝ている時に私が大きな声で叫んだりするから、お父さんは嫌がって別の部屋で寝るようになったのよ。今、私が寝てる部屋の天井に黒い小さい穴が空いていて、霊が来る時は穴がだんだんと広がって、そこから足が出てきて、まるで蜘蛛《くも》のように天井に四つん這いで張り付くの。その霊は裸の女性で、長い黒髪が天井から私の顔の所まで垂れ下がり、私が気付かないふりをしていると、上からドスンと身体の上に落ちてくるから、私はたまらず悲鳴を上げるのよ。（そういえば、兄ちゃんが、母ちゃんの部屋から何かが歩いてきて、自分のベッドに座った。重みで一瞬ベッドが沈んだと言っていたことを思い出した〈ぼくの記憶〉。）あと私はすぐに眠くなるの、どこでも寝られる。ウトウトすると決まって四、五人の会ったこともない霊の友だちが出てきて、皆が面白いこと言ったりして私を笑わすのよ」

確かに母は気が付くとウトウトしていることが多く、寝言のようなことを言いながら笑います。その理由がその時、初めて分かりました。

「そういえば、あなたが延期願をしてから、天井の女が来なくなったわ、きっとあなたのお陰ね」。いつも豪快に笑う母親はそんな、もろもろの怖い体験を笑い飛ばすかのようにぼくに話してくれました。

2．ぼくの子供の頃

ぼくはずっと、たくさんの目玉に見られている気がしていました。学校帰りに一人で歩くときも何かに見られているようで、怯えながら歩いていました。ぼーっとしている時に眉間から白いピンポン玉のようなものが出たり入ったりするのがむず痒くて、額を払うようなことをしていました。過去に喉を切られたことがあるような感覚があり、喉に何かが触れるのを極端に避け、シャツなどの首の下は引っ張りすぎて伸びていました。

健康面では時折起こる呼吸困難があり、呼吸の仕方が分からなくなることがありました。それで自分でリズムを取る方法を編み出し、乗り切りました。一年の七割くらいはどこか調子悪い感じがあり、熱、下痢、頭痛、寒気、痺れ、身体がだるいなどの症状がありました。たまに起こる心臓が激しく痛むことが特につらくて、何度か精密検査を受けましたが、異常なしでした。

ある時、友だちと遊んでいると、「あれ？　この光景この会話は前にもあった」「ぼくがこう言うとあの子がこう言う、全く同じだ。なんで同じ話を同じ順番でするんだろう？」と思うことがありました。またある時は、この道を真っすぐ歩いて右に曲がると、友だち二人とバッタリ会う、ということを二回繰り返し、友だちはまるで初めてのような驚き方をしているのを見て、どうして皆同じことをするんだろうと思いました。

小学五、六年生の頃です。自転車で走っていたら「道に大きな石があり、その石に自転車で当たってひっくり返り、宙を飛び回転しそうになる」というスローモーション映像が浮かびました。石は確かにありましたが、咄嗟《とっさ》にブレーキをかけ、石にはぶつかりませんでした。

やがて中学生になりました。その頃はブルース・リーの大ブームで、奄美大島でもあちこちで男子たちが空手で掛け声を掛け合いながら決闘をしていました。ぼくもクラスメートに決闘を申し込まれました。そこで、家にあった八ミリのビデオでブルース・リーの技を一生懸命に見て研究しました。相手に技をかけ、ひるんだすきに顔を蹴り上げる、というのをやってみたくてわくわくしました。

決闘の場所は大人たちに見られないように山の中にしよう、ということになり、名瀬の「おがみ山」に三人で行きました。決闘をする二人と立会人が一人です。おがみ山という名前の通り、昔は名瀬の神様を祀る神山だったところです。今は公園として整備され、名瀬の町と海の見える眺めの良い場所です。そして決闘が始まり、ぼくが望むような展開になってきました。最後の大技をかけるタイミングになり、相手の顔を蹴り上げようとした、その時です。

シーンと時間が止まったようになり、まざまざと目の前にビジョンが見えました。こんなにはっきり見えたのは初めての経験でした。「顔を蹴られた相手は後ろのガラスの破片などのゴミをまとめたところに倒れ、手足を切って血を流して家に帰る。両親が共働きの家ではおばあちゃんが留守番をし、縫物をしている。そこにけがをした孫が帰ってきたのを見て、おばあちゃんは涙を流し、看病する」様子が見えました。

相手の顔にあと十センチで足が当たる、という時にこのビジョンが見えました。ぼくは相手を蹴ることができなくなり、彼を羽交い絞めにしました。彼を暴れるだけ暴れさせ、戦う気力を失うまでそうしていました。それで決闘は引き分けで終わりになりました。

彼のおばあちゃんのビジョンを見たとき、ぼくは思いました。「あの子の身体も自分の身体も、ほかのどの子の身体も、皆、おじいちゃんがいておばあちゃんがいて両親がいてあるもので、決して一人のものではない。それを傷付けることは絶対にしてはならない」と。その後、どんなことがあっても自分がやられるだけで、決闘に応じることができなくなりました。

3. ユタ神様に興味を持つ

聖書を愛する某宗教から追い出されて、自由になったぼくはユタ神様に興味を持ちました。まず母親にユタ神様について知っていることを聞きました。母はこんな話を聞かせてくれました。

「私が子供の頃に道端で遊んでいると、馬に乗って白い着物に白いハチマキをして日本刀を振り回し、気がふれたように叫びながら私をひき殺さんばかりに走って来る馬があったので、必死に避けた、とても怖かった。そのまま民家に馬ごと入って行った。あとから聞いた話だと、その家にその人が引き継ぐべき神道具が保管されていたとのこと」

ユタ神様は自分が死ぬとその道具を引き継ぐものが取りに来るからと、山に埋めたり、家に保管したりする習慣があったそうです。ぼくがユタ神様の所に行きたいと頼んでも、母は自分の霊感体質のせいか、あまり行きたがらなかったので、沖縄生まれで信仰心の強い祖母にお願いしてみることにしました。まず、祖母にユタ神様について尋ねてみると、こんなふうに教えてくれました。

「あのね、ユタ神様は生き神様だからね、人間の身体をした神様さ。沖縄では〝医者半分ユタ半分〟という言葉があるくらい生活に密着していてね、奄美ではユタ神様と呼んでいるけれども、沖縄ではユタと呼んでいて、ユタに相談に行くことを〝ユタを買う〟というさ。家の人が病気になったりけがをしたり、仕事がうまくいかない時に、先祖事で問題がないかを聞きに行って、お祓いしたり、拝んだりするわけさ。奄美の人はそこまでしないけれど沖縄の人はよくいくさー。

私の亡くなった長女がやっぱり、神障り（神ダーリ）になって、医者もお手上げで、ユタを買うお金もなくて、最後は神様の言葉みたいな不思議な言葉を言いながら亡くなってしまって、皆、なにもできなくて、本当にかわいそうだった、もったいない、もったいない、良いユタになったかもしれないのに。あんたは良かったね、早くに生まれが分かって、延期願もしてもらって本当に助かった。神様に感謝感謝」

ぼくの記憶にはないですが、祖母の話だとぼくは小さい時に何かのまね事をするかのように、みかん箱の前で手を合わせてお祈りのようなことをしていたといいます。今思えば、まるでユタ神様が高盆という四角い木箱のような物の前で祈りをする光景のようです。

「ユタ神様のことは、このばあちゃんに任せなさい。あんたが行きたい所にどこでも行ってあげるからね」と祖母は言いました。

その言葉通り、七十歳近いおばあちゃんは、ぼくがケンムン（妖怪）伝説のある山に登りたいと言えば、急な斜面の山でもどんどん付いてきてくれました。おばあちゃんの昔話も楽しいし、一緒に歩いていると「この草は胃薬、これは傷に効く」とか薬草等についても教えてくれるので発見がいっぱいありました。

いよいよおばあちゃんがユタ神様の所に一緒に連れて行ってくれるということで、とてもワクワクしながら付いて行くことになりました。その頃とても人気のあった女性ユタ神様の所でした。場所は名瀬市の中心部で、大きな銭湯があり、その裏にある平屋の一軒家でした。ユタ神様の家は必ず玄関に注連縄がしてありますので、目印になります。祖母は予約をすることなく〔アポなし〕でいきなりドアを開けて、中に入って行きました。中には中年の女性が一人いて、正面に大きな神棚がありました。

「いらっしゃい、ちょうど今、お客さん帰った所だから良かった、どうぞお上がりください」。祖母と一緒に中に入って緊張していたぼくは正座をして座ると「どうぞ、足をくずされてくださいね」と言われたのですが、ぼくはそのまま正座を続けました。

「ちょっと薬を飲ませてくださいね、風邪気味でね」。ぼくは思わず聞いてしまいました。

「神様でも薬を飲むんですか?」。ユタ神様は笑いながらこんなふうに教えてくれました。

「人間の肉体の問題は医者が治すもの、霊のことは神様が治すのですよ」

とても分かりやすい説明で納得できました。ユタ神様はお茶を飲み、普段着の大島紬の上に脱いでいた白い羽織を着て、祖母にお盆を差し出して、神棚の方に向かいました。

祖母はお盆の上に三号ビンの焼酎とお礼の三千円を入れた白い封筒を載せました。封筒には干支《えと》と名前と数え年が書かれていました。ユタ神様は祝詞を唱えてそれが終わると、焼酎を入れたコップに何かが映っている様子で、それを見ながら話を始めました。

「お腹を押さえながら県病院に向かう男の人が映るが、これは誰ね」

「あ、それは私の次男です。孫のことで悩んで胃を悪くしているみたいです……」

そんな井戸端会議みたいなおばちゃん同士のごく普通の会話がされました。そして、ぼくも視てもらえることとなり、神棚の前に座りました。

「あんた、三十五歳過ぎに足をなくすのが見えているから気を付けなさいね。交通事故かなんかで、足を切断しているのが見える」。とても恐ろしいことが告げられているのに、なぜか、ぼくは全く怖くなかったです。神様の守護の力を信じていたからだと思います。

それから祖母は、ぼくが二十八歳で正式ユタになるまで、奄美のユタ神様十一人の所に連れて行ってくれました。ぼくがユタへの道を歩むことを早くから気付き、最後まで応援してくれました。祖母には本当に感謝しています。カメばあちゃんありがとう。

4. 平少年、二つの顔

平少年には硬派（男気）と軟派（女性的）の、まるで別人と思える姿がありました。ぼくが出会ってからの平少年は、ぼくといつも漫才をしているような調子でニコニコし、目は垂れ下がり、はにかむように舌をだす癖がありました。ちょっとしたことでもよく笑い、どんなものもネタにしてはしゃぐ少女のようでした。また、とても怖がりで、驚き方のリアクションがまた派手でした。

ある時ぼくの家で、当時流行った恐怖映画『死霊のはらわた』のビデオをレンタルし、二人で部屋を暗くして鑑賞していると、怖いシーンの時には、彼はいちいち大きな声で驚いて飛び上がったり、ぼくに抱きついてきたり、椅子からひっくり返ったりと、少女そのものの様子でした。彼は年齢の近い女子たちからは「平ちゃん」と呼ばれていました。

彼は団地で独り住まいをしていたので、独りでご飯を食べるのも寂しいだろうということもあり、よくぼくの家に招いて一緒にご飯を食べたり、泊まってもらったりしました。母親も彼のためにご飯を作るのを楽しんでいるようでした。何を食べても表現豊かに喜び、いろんなギャグで母親を笑わせてくれたからです。ぼくも彼のことを家族のように思い、彼の髪の毛を切ったり、ファッションについて意見を聞かれたり、恋愛の話をすることもありました。


ある時、アポなしで平少年の家に遊びに行ったら、玄関に靴がたくさんありました。ぼくは靴を置く場所を探し、自分の家のように断りなく入って行きました。すると、カーテンの閉じられた薄暗い部屋に男だけ五、六人で輪を描くように丸く向かい合い、中心には、まるで別人の平少年が座っていました。目は釣り上がり、とても怖い顔でハチマキをし、見たことのない黒一色の服を着て背筋をピーンと伸ばして男座り。そして皆に「男とは……」というような熱い話をしていました。中には感動して泣いている人もいました。

ぼくは何が起こっているのか把握できず、平少年に声を掛けて「どうしたの？」と聞くと、彼は「俺はおまえといると自分ではなくなってしまう、これが本当の俺なんだ」と言いました。それと同時に、そこにいた一人の男が、「ぼくたちのリーダーを返してくれ。おまえといるとおかしくなる。あんな女みたいな話し方をするリーダーを見たくない」と言いました。

話を聞くと、平少年はぼくと出会う前から、当時、全国的にはやっていた暴走族スタイルの十人前後を束ねる硬派グループのリーダーだというのです。どうしても納得できなかったのですが、とりあえずこの場は引き下がるしかないようだったので、いったん家に帰りました。それから、彼が一人でいる時を見計らって彼の家を訪ねました。相変わらずものすごい形相で、表情も言葉使いも身の振る舞いも別人のようでした。

平少年は男座りをしたままであまりしゃべらず、呼吸も荒く、身体が熱いと言っていました。ぼくはなぜ彼が別人のようになっているのかを知りたくて、自分の霊感に集中し、彼の様子を凝視してみました。すると、彼の胸の所に直径三十センチぐらいの縦になった丸い輪っかが視えました。その輪っかには百円玉ぐらいの大きさで色違いの丸い玉が五個ほど均等に付いていました。その輪っかはゆっくりと前に向かって回っており、その中の赤い玉だけが勢いよく光っていました。これは、人間の感情の喜怒哀楽と関係する輪っかだと直感しました。そして何者かによって平少年は怒りの感情のまま止められているのではないか、それならあの赤い玉の光を消せば平少年は元に戻るんじゃないかと思いました。

以前、盛君が「お祓いをする時には火の神様に祈ればいい、火の神様は力が強い」と教えてくれました。そこで火の神様に、ぼくの身体に降臨してくれるように祈りました。すると身体にどんどんと力が湧き上がり、意志とは関係なく勝手に動き出し、右手の人差し指と親指をつまむように天高く手を上げる姿になりました。そして指先が霊的に燃え上がり、火が灯りました。その火を平少年の赤い玉に向けて「ハッ‼」と勝手に出る掛け声と共に投げつけました。見事に赤い玉に命中し、赤い玉の光が消えて回転が止まりました。

すると、平少年は胸を押さえながら、目をパチパチさせて、「あれ、俺、何をしていたんだ、なんであんなにイライラしていたんだ」と、少し青ざめた表情をし、もう、俺は自分が分からない、と、しばらく頭を抱えていましたが、気が付くとぼくのよく知ってる平ちゃんに戻っていました。

過去に平少年が怒りの感情に任せて父親に包丁を向けた出来事、そして、友だちの前で初めて現れた憑依現象は、普通の会話をしているのに顔だけが殺気立った無表情で友だちをにらみ、それを指摘され、鏡で自分の顔を見て驚く、というものでした。彼の人生は彼の気付かぬ所から何者かに操られていたのかも知れません。

5. 平少年の物語

ハレルヤ

ぼくと平少年は親友であり家族のようでもありました、この頃は共通の霊的探究心を胸に、一緒に行動をすることが多かったです。いくつかの怪しくおかしなお話をしたいと思います。

ある日二人で〝町ぶら〟（名瀬市の中心街をブラブラと歩くこと）をしている時でした。知らない大人の男性がぼくらに話しかけて来ました。「こんにちは、君たちは神を信じるかい？」。ぼくらは顔を見合わせて自信満々に「もちろん」と答えると、すぐさまぼくたちはタクシーに乗せられました。

連れて行かれたのはどこかの教会で、ぼくたちは白い服に着替えさせられて、胸のところに手を合わさせられ、浅い水の中に横たわるように指示され、全身を一回水につけて、水から出る時に新しい聖なる魂となって生まれ変わるという、聖書の中にあるバプテスマという儀式を受けさせられたのです。その儀式の間は信者たちに囲まれていました。信者たちは祝福の言葉の「ハレルヤ」をずっと繰り返していました。ぼくたちは特にこの宗教に勧誘されることもなく、ただ儀式を受けて新しく生まれ変わり、晴れ晴れとした気持ちでそこから帰されました。

オカルトブーム

その頃は空前のＵＦＯブームでもありました。ＵＦＯブームの火付け役となったアダムスキー型ＵＦＯの写真展が奄美にまで来て、二人でそれを見に行き興奮していろいろと話をしました。また、フィリピンの心霊手術というのもテレビ等で話題になっていました。これはメスを使わずに身体の中から指で釘などを取り出すというもの。この釘は誰かに呪いをかけられた物が物質化したとされ、お腹の中に指が入り少し血が溢れてくるのですが、終わると傷跡が全くないというものでした。治療を受けたものの無痛だということで（一部は後にトリック疑惑が浮上）、これもまた奄美まで来ていました。ぼくは直接見に行けなかったのですが、平少年は誰かの招待でチケットが手に入り、間近で見ることができ、彼の話だと心霊治療をする人の手が光って見えたとのことでした。

運転免許

いよいよ、十八歳になると将来の仕事のことも考慮して、多くの生徒が運転免許を取ります。まず初めに適正審査があります。たくさんの質問が書いてある用紙に答えて行くわけですが、なぜか平少年だけストップがかかり面接をしなければならない事態になりました。理由はこうです。質問の中の「幻覚を見ることがあるか」という問いに、彼はご丁寧に〝幽霊が見える〟と書いてしまったというのです。慌てて担任の先生がフォローに入りなんとか乗り切りました。そのように純粋なのも、彼の良い所でした。

バイク

ぼくらは原付バイクにまたがり、幽霊のうわさのある場所に向かいました。車も人も通らないような道を風を切って走るのは気分爽快でした。誰もいないのをいいことに、蛇行運転したり、走りながらもお互いを笑わせるようなことばかりしていました。市内から外れた所にある場所で、道沿いの暗がりに千年松という大きな木があり、そこに女の人の霊が出ると昔からうわさがあったので、そこに向かう途中のことでした。

峠を越して少し下りに差し掛かった所で、突然、太鼓のリズムが聞こえ始め、超音波のようなものすごい高い声の完全和音コーラスも聞こえ始めました。その声はこの世の物とは思えない大変美しい声で、メロディはなく、ただ太鼓のリズムに合わせて、真っすぐに歌っています。ぼくは止まって確かめたかったので、少し前を走っている平君を大きな声で呼びましたが、平君は相変わらずぼくを笑わそうと、変な乗り方のまま振り返らず、走って行ってしまいました。

ぼくはバイクを止めてエンジンを切り、ヘルメットを脱ぎました。もう、音はどこからも聞こえなくなっていました。気になって少し引き返しましたが、二度と聞こえませんでした。そういえば、ヘルメットをしてバイクのエンジンに包まれる中、あんな音が聞こえるのは不思議なことだと思いました。山の精霊たちの歌声だったのかも知れません。

そして、千年松に到着。しかし平少年はいませんでした。一本道なので気が付いたら引き返して来るだろうと思いましたが、ぼくが後ろにいると思って、そのまま変な走りをしながら通り過ぎていったんでしょう。彼は方向音痴でもあるし、まだ携帯電話のない時代、幽霊を探しに来たはずなのに、いつしか平君探しになってしまいました。そんな二人の幽霊探しの旅でしたが、お腹を抱えて笑うような出来事もたくさんありました。

6．平少年の父親が退院してきた日

穏やかな日々と、神の道を追究する日々が過ぎて、高校三年生になり卒業式を迎えました。卒業式の帰り道、特別な思い出を残すことになった学校を、遠くから振り返り見渡しながら、家路に向かいます……。

平少年が神になるための残された課題は、父親を説得し円山神様の元で〝神つなぎ〟をすることでしたが、自分の不幸を何でも他人のせいにし、神様が大嫌いな父親になかなか切り出せないでいました。

平少年の家が見えてくる頃……、家の前の庭から焚き火のような煙が上がっているのが見えました。不思議に思い、急いでそこに近づいてみると、そこにはガリガリにやせ細った平少年の父親が立っていて、何かを燃やしていました。

「おやじ！　何を燃やしているんだ」。平少年が叫びました。

父親は、何かにとり憑かれたような不気味な表情をして薄ら笑いを浮かべました。

平少年は、「ハッ！」と思い当たって、急いで家に入り神棚の部屋を見に行きました。円山神様から預かって、先生に作ってもらった神棚が見るも無残に叩き壊されていました。平少年は、その光景を見た瞬間、全身の力が抜け、廃人のようにフラフラと歩き、その燃え盛る炎の前にがっくりとしゃがみこみました。

声にならない声で、「どうして、どうして……」と言いました。

父親は平少年に向かって、こう言い放ちました。

「おまえ、俺が留守の間にこんなことしやがって……」

「……」

「神様がいるなら、どうして家は貧乏なんだ？　俺の身体はどうしてボロボロなんだー！」

平少年には憎しみよりも、もっと深い絶望の涙が溢れてきました。

（母さん……。た・す・け・て）

「神様を拝む時間があるなら、おまえも、弟のように早く働け」。そう言った途端、父親は急に身体が硬直し直立の姿勢になり上を向きました。そして、首がゆっくりと回りだし、目玉は白目を剝きました。

〈ドスン〉。そのまま倒れ、口から白い泡を吹きながら首だけを回しています。いつかの光景とそっくりでした。そして、そのまま救急車で運ばれていきました……。

その後、平少年は〝神つなぎ〟の課題を残したまま奄美から姿を消しました。何があったのかは、想像するしかないのですが、当時、交際していた彼女にさえ告げないまま、突然出て行ったのです。


真実は何か？

平少年が家族のために、神の道へ進むことを決意し背負ったおかげで、父親が予定よりも早く退院できたはずなのに、どうしてこんなことになってしまったのでしょうか？　実は、神の道を進まなければならなかった張本人は父親の方で、それを自覚した上で拒否し続けていたとも考えられます。入院の本当の原因は〝神障り〟だったのかもしれません。

拒否された神様が血筋をたどって長男である平少年に降りた、というのが真実かもしれません。

神になれなかった平少年。

今、どこで暮らし、何を思っているんだろう……。

父親の反対がなければ、今頃は有能な神様（ユタ）として活躍していただろうと思います。風のうわさでは、弟を尋ねて大阪に行き、ある宗教団体の御夫婦に救われ、教会の中で暮らしているという話も聞きましたが、それも定かではありません。

おわりに

最後まで読んで頂いて、ありがとうございます。平少年の話の中では、あえて平少年と私との関わりについては省きましたが、全校朝礼の事件以降、接点を持ち、盛君と三人で、卒業までのほとんどの時間を神霊の探究に費やしました。当時、聖書を盲目的に信じていた私には衝撃の連続でしたが、現在ユタとなった私自身を語る上で、とても重要で忘れられない出来事でした。

奄美には常識では考えられない不思議な人々がたくさんいて、いろんな現象に出会ってきました。奄美のユタの世界はとても厳しく険しくて、神になれなかった人は平少年以外にもたくさんいます。神は自分の分身として、地上で、その使命をまっとうできる神の子をふるいにかけて選ぶといいます。

年々多くの神障りの人たちが出ますが、そこから正式にユタになれる人は一握りです。良い親神（指導者）に恵まれなかったり、自分の力を過信して親神を立てず、悪神に落ちる者もいます。

平少年の話に似た例でこんな話もあります。ある少年の目が突然見えなくなってしまい、どこの病院へ行っても原因が分からず、母親が息子を連れて円山神様に助けを求めてきた時のことです。

神棚の前で太鼓を叩くと、息子ではなく突然母親が〝神懸り〟になり「私のせいです、私が神様を拒否したからです」と、大声で泣き叫び、その瞬間〈パッ〉と息子の目が見えるようになったそうです。その後、母親はユタの道へ進む決心をしました。このような形で、親子、姉妹、兄弟など、一家族の中に神障りが二人出るケースも実に多いのです。

奄美のユタに〝神とはなにか〟を尋ねれば、神は〝自然〟だと答えます。自然は無償で人間に恵みを与えますが、また自然災害という恐ろしい面もあります。我々現代人は自然の恵みに感謝することを忘れて、悪いことがあれば神のせいにして、良いことがあれば自分のお陰だと考えがちです。神はいつしか、人間に好都合の願い事を叶えれば良いだけの存在、とみなされてしまったのかもしれません。

南島のシャーマンは、神または自然の優しさだけを伝える存在ではありません。自然の厳しさや神の怖さも伝えていく存在です。

最後に、私が平少年と初めて会話した時の、今でも心に残るワンシーンでおわりにします。

「平君だよね」

平少年は、目を合わせることなく歩きながら、ただ頷《うなず》きました。

「幽霊が見えるんだってね、いいな〜」

平少年は、立ち止まり私の顔を見て、ものすごい形相でにらみました。

「幽霊が見える時の恐怖がどんなものか、君に分かるかい」

「ご、ごめん、悪かった……」

【その後の三少年】

盛少年
数年後の同窓会で再会した時に聞いた話です。盛少年は高校卒業後、自衛隊に入りました。彼は時折、隊員が亡くなるのが前もって分かり、そういったことで周囲に驚かれたそうですが、そのことで嫌な思いもしたと話していました。彼のオカルト話が面白いので人気者となり、住んでいる寮に周辺の方々が話を聞きに集まって来るようになったそうです。相変わらず神様嫌いな父親を気にしているようでした。

平少年

約三十年経った頃、平少年が当時交際していた彼女に偶然会いました。平少年の情報を聞けないかと尋ねてみると、やはり奄美から大阪に行ったということ以外は何も知らないとのことでした。そして、当時のことはもうあまり覚えていないとも言っていました。また、別の平少年の神懸り前に仲良くしていた友だちとも会えたので聞いたみたのですが、誰にも彼の消息は分かりません。

円少年

そして私は、シンガーソングライターの夢を持って上京しました。数々のオーディションを受けて、当時人気のあるアイドルが所属するプロダクションに合格しましたが、その事務所の方針のある事情が、将来、神の道へ行く者としてどうしても受け入れられないことがあり、芸能界を断念しました。その後、いろんな人に出会いながら仕事を勧められて働きましたが、どれもこれも続かず。ある時、当時「笑っていいとも」というテレビ番組のレギュラー出演をしていてタロット占いブームを巻き起こしていた占い師に出会い、スカウトされて二十四歳で原宿にてタロット占い師デビューをしました。ユタ神様になる前に占い師としてのデビューをしたのです。もちろん、私の霊的探究心は相変わらずで、東京に来てからは五十人くらいの能力者に会いましたし、各宗教をのぞいたり等もしていました。それからいよいよ十年の延期願の期間が終わる頃に神懸りが来て、急いで奄美に帰り親神様を立てて正式に神つなぎの儀式を経て、晴れて奄美のユタ神様となりました。

あれだけ何をやっても仕事が続かない、覚えられない、どうしようもない私が、不思議とこの道だけは真っすぐに一本で生きて来られたのは、やはり私はユタへの道のために生まれてきたのだと思います。この私の体験が誰かの役に立つことを願ってこの本をこの世に残します。

神の道へ進む方々へ。

神の力は修行して開くのではありません。歩む道が神様のご意志に添っている時に開かれるのだと思います。それぞれの役目や使命が果たせますことを、心より切望しております。

【追記】発行日の「ふしぎじゃや〜」

出版社から届けられた原稿の最終チェックを終え、最後のページに印刷されていた発行日を見て「ドキッ」としました。なんと十月十日と書いてあるではありませんか！　この日は、私がユタになるための儀式「神つなぎ（成巫式）」をして晴れて正式なユタ神様になった日、つまり、私のユタとしての誕生日なのです。

この儀式は人間界と決別し、天の神様と盃を交わして生き神として生きていくという神様との結婚式のような儀式です。私はこの世に初めて書き残せるこの本を「十月十日」に出したいという思いがありました。タイミングをみて出版社様にお願いをしようと考えていたという経緯がありましたので、とても驚いたのです。担当者様にこのことを伝えましたら、同じく驚いていました。神様がそのように導いたとしか考えられません。三百六十五（日）分の一の確率です。ユタへの道を歩んで現在で三十四年となり、改めてこう思います。「神の道は人間が好き勝手に修行をして力をもらえるものではない、神様の望みに気がついて、心を研ぎ澄まし、本気で求める人に神は道を開いてくれる」。

ユタ（神）への道に躓いている方がいましたら是非この言葉を思い出してください。

二〇一七年九月十二日記

円聖修氏と私

福　寛美

数年前のことです。私が関係している大学の研究所に奄美大島出身の四十代の男性がやってきました。彼は「私は奄美の北部の集落の出身で、祖母はユタでした。母はユタになるべきでしたが、延期願を出したまま最近亡くなりました。私は三人兄弟の真ん中で、親にも集落の人たちにも『ユタになるべき生まれだ』とずっと言われていました。最近、どうやら神がかってきたんですが、東京に住んでいたら島と違って相談相手がいないので、ここに来ました。話を聞いてほしいんです」と述べました。

当時の研究所の所長と事務の女性に「どうやら神がかってきた男性」の話し相手を依頼された私は、最初は一人で彼と話しました。ところが、その話が面白いので、年配の民俗学の先生、目に見えないものが視えたり、普通では聞こえない物音を聴く霊能高い知人、シャーマンに興味を持つ知人、若い友人たちなども誘い、彼の話を聞きました。その過程で、彼に霊視をしてもらったり、亡き家族の霊を降ろしてもらったりした人もいました。

私は話好きの彼がしゃべったことや、彼の行った霊視や降霊の様子を記録しました。聞き捨てにしておくには惜しい、その場限りの体験にしておくにはもったいないと思ったからです。やがてその記録をもとに原稿を書き、南方新社から出版しました。

彼と時々会っていた頃のことです。私は大学で琉球王国時代の神歌についての講義をしていました。その講義の最中、彼についての記録を少しまとめてプリントにし、学生たちに配りました。神歌よりも「どうやら神がかってきた男性」の話のほうが面白かったらしく、学生たちからはシャーマンについての質問を多くもらいました。神歌よりシャーマンか、と思って苦笑したのを覚えています。

その学生たちの中に、一人の霊的に感じやすい女子大生がいました。彼女と個人的に会って話した時、「かわいがっていた飼い猫が死んでしまい、死後何年かたってから、旅行先のホテルで猫の声を聴いた」という話を聞きました。他にも霊的な体験を話してくれた彼女は、「母は私のそういったところ（霊的に感じやすいところ）を心配していました。この能力が高くなり過ぎたら、普通の生活ができなくなり、学校へも行けなくなる、と言っていました」と語りました。

その時、彼女のことは彼女のお母様がちゃんと守っていらっしゃるので大丈夫だ、と思いました。ただ、彼女にこう言いました。

「もし霊的な相談をしたかったら、奄美出身の円聖修さんか、タロットの女性占い師さんのところへ行ったらいいですよ。タロット占いの方のことを私は知っていますし、彼女はホーム・ページを作っていて価格もはっきりしています。また、ユタさんに視てもらいたかったら、円聖修さんのところへ行けばいいです。彼もホーム・ページを持っていて価格も書いてあります。円さんのことは、奄美料理のお店の主人に聞いたことがあります。私は円さんが強い能力を持っていらっしゃると思います」

彼女はタロットの女性占い師のところ、そして円聖修氏のところに出かけていきました。そして、円聖修氏に「大学の授業で奄美の男性のユタについてのプリントをもらった」と話した、と私に言いました。彼女は「円さんがそのプリントを読みたいと言ったのですが、見せてもいいですか」と尋ねました。私が「どうぞ、どうぞ」と言ったので、彼女はそのプリントを円氏に見せたそうです。

そのプリントの人物、つまり「どうやら神がかってきた男性」のことを円氏はご存知でした。その男性のことを少し伺いたい、と円氏は彼女を通して私に伝えました。それがきっかけで私は円聖修氏に初めてお会いしました。ちなみに「どうやら神がかってきた男性」は東京の霊能者の団体に属していた時期がありましたが、今は関西で活動しているようです。彼のその後の消息は、分かりません。

円聖修氏は当時から、ご自分がユタになっていった経緯、そして奄美の神の祀り方などをホーム・ページに記述されていました。そのページを時々読んでいた私は、研究者ではなくユタ本人が描くユタの世界をとても興味深く思っていました。そのご本人のお話を伺えるのは、私にとってとても嬉しいことでした。

また、円聖修氏は奄美大島の少し前の世代のユタさんたちにもたくさんお会いになっており、今は亡き霊能高いユタさんたちの逸話も聞かせてくれます。前代のユタさんたちは皆、個性が強く、性格が激しい人もおり、まさに奄美の女、奄美の男という印象を持ちました。

円氏は「自分が奄美の前代のユタたちから学んだことを伝えていきたい」と言われることがあります。東京と奄美を行き来する、という円氏のあり方は奄美に住み続け、奄美の人々のみをお客様とする、という従来のユタのあり方とは違います。ただ、他出したからこそ保てる奄美らしさや、ユタとしてのアイデンティティーはあるので、そのことを尊重しながら円聖修氏のお話を伺っていきたい、と私は思っています。

円聖修氏のホーム・ページには、奄美で過ごした少年時代、同じように霊能高い二少年と共に霊的な冒険を繰り広げた話が載っていました。この本の元になった話です。三少年がそれぞれ信仰や霊能は違っても、神は一つといって除霊や浄霊に励む姿は、とても純粋で青春そのものだ、と思いました。三少年はお金や名誉のためにではなく、霊的な冒険にひたむきに取り組んでいたので、そのあり方をとても面白く思いました。そこで、その話を若干の分析を加えながら学会や研究会で発表したことがあります。

聞いてくれた方々は「このような話を本当に円氏はホーム・ページに出しているんですか」とか「三人が揃っていて、それぞれキリスト教、仏教、神道を信じていて、情報収集、憑依《ひょうい》、浄霊と役割分担をしている、というのは面白いですね。映画向きだな。キャスティングが目に浮かぶようだ」とか「私はこの話を全部信じます。信じますが、それからどうしたらいいんでしょう」とか「すごいですね。本当にあったこととは思えませんが、あったんでしょうね」などと言われました。宗教学の大学教授の先生方の、そういったご感想もとても面白いものでした。

三少年の話の中に、白いワンピースの女性の霊が海から犬に乗ってやってくる、というものがあります。この話から私が想起したのは、奄美大島で語られる怪談の主人公、今女《いまじょ》です。今女は美貌ゆえに妾にされ、本妻に憎まれて責め殺され、今女の死体を葬った身内が墓に根なし竹を逆さに立てて呪った、といいます。今女という名の通り、死んでも今も生きているとされ、祟《たた》りを恐れる人はかつて多かった、ということです。今女はかつて白い着物を着ていましたが、近年は白いワンピース姿でいるのを目撃された、ともいいます。時代が替わり、人々の服装が替わると幽霊の装いも替わる、というわけです。

霊能高い三少年が霊視した白い服装の女性の霊の話を聞いたとき、かつて霊能高い奄美の人々が、この世に恨みや無念を遺して亡くなった女性の霊の姿を実際に感じ取ったのだ、と思いました。今女という名は個人を指すのではありません。今、現実を生きる女、今、霊体として存在する女、それらすべてを意味します。そのため、霊を視る人の時代の服装文化が反映しています。三少年が出くわした女性の霊が別の時代に奄美の別の場所に出現したら、今女と呼ばれたかもしれません。

また、霊の乗り物の犬も、神話的にはとても興味深い存在です。日本神話の中で、英雄のヤマトタケルは山の神に悩まされ、なかなか山から出られなくなります。そのヤマトタケルを山の神の惑乱から救出したのは犬です。犬は山の神の世界と人間の世界の両方をよく知り、境界を越える力があるからこそ、ヤマトタケルを助けたのです。霊もまた、霊の世界と現実の人間の世界の両方を知る犬を乗り物としたのだ、と私は思います。

なお、円氏のオフィスで一緒にお話を伺ったことがある沖縄出身の女性の知人は、次のようなことを語ってくれました。

「よく知っているわけではないのですが、沖縄に住んでいる顔見知りの、私と同じくらいの年齢の女性が精神的におかしくなり、病院へ行って薬をもらって飲んだんですが、治りません。もしかしたら神懸りかと思うんですが、家族は積極的にユタを訪ねようとはしません。ただ、地元の信仰にも配慮しながら布教するキリスト教の一派のスタッフの中に、よく話を聞いてくれる人がいて、その人に話をすると少し落ち着くそうです。だから時々教会には行くそうです。円さんは、そういった現代の神懸りに悩む人たちを救済してくれるのかもしれない、と思うことがあります」

円聖修氏がこれからご自分の霊能をどのように深め、どのように活動を展開していくのか、それはそれで注目すべきものがある、と思います。今後、円氏のお邪魔にならない程度にお会いし、また先にお話を伺えたら、と楽しみにしています。

私は零感《ぜろかん》、つまり霊感は全く持っておりません。ただ、奄美群島の加計呂麻島を遠いルーツとする自分の中に、南西諸島、そして奄美群島の霊性や魂に深くつながる方達への敬愛の念が無条件に存在している、という自覚はあります。円聖修氏はその強い霊能を以って、これからも活躍されていくので、そのあり方を一研究者として時々見せていただき、さらに別の原稿にしていけたら、と思っています。

■著者プロフィール

円　聖修（えん・せいしゅう）

1966年、鹿児島県奄美大島に生まれる。
17歳　神懸り体験を経てユタ神様への道を志す。
24歳　東京にてスカウトによりタロット占い師として原宿でデビュー。
28歳　奄美で儀式を経て正式なユタ神様となる。
現在、東京を拠点として奄美、または全国をまわりながら、悩める方々の心と身体の健全化を目指して活動を行っている。その活動は評価されることとなり、各マスコミにも取り上げられ、占い師とユタ神様の両方の役目を果たしている。また、奄美のユタ神様文化をこよなく愛し、調査研究と後継者育成にも余念がない。
【ホームページ】http://en-s.unison.jp/

■監修者プロフィール

福　寛美（ふく・ひろみ）

1962（昭和37）年生まれ
1984（昭和59）年、学習院大学卒業
1990（平成2）年、学習院大学院博士後期課程単位取得退学
学位　文学博士
主著　『ユタ神誕生』（2013年、南方新社）
『ぐすく造営のおもろ　立ち上がる琉球世界』（2015年、新典社）
『歌とシャーマン』（2015年、南方新社）、ほか。

奄美三少年　ユタへの道

二〇一七年十月十日　第一刷発行

著者　円　聖修
監修　福　寛美
発行者　向原祥隆
発行所　株式会社 南方新社
〒八九二－〇八七三
鹿児島市下田町二九二－一
電話 〇九九－二四八－五四五五
振替口座 〇二〇七〇－三－二七九二九
URL http://www.nanpou.com/
e-mail info@nanpou.com

印刷・製本　株式会社イースト朝日
定価はカバーに表示しています
乱丁・落丁はお取り替えします
ISBN978-4-86124-369-1　C0014